HILDEGARD MÖLLER

RESTLOS!

Clever kochen mit Resten

HILDEGARD MÖLLER

RESTLOS!

Clever kochen mit Resten

FOTOS VON ROGGE & JANKOVIC FOTOGRAFEN

KOSMOS

RESTLOS!

Hier geben wir viele zusätzliche Tipps und Anregungen, wie man Lebensmittel kreativ und möglichst vollständig verwerten kann.

RESTLOS GENIESSEN

Verwenden statt verschwenden

WIEDER ZU VIEL EINGEKAUFT ODER ZU REICHLICH GEKOCHT? KEIN PROBLEM, DENN MIT DEN ÜBERBLEIBSELN AUS GEMÜSEKISTE, BROTKORB UND OBSTSCHALE LASSEN SICH VIELE KÖSTLICHE GERICHTE ZAUBERN.

Kennen Sie das? Vom Wochenende sind ein Stück Braten und ein paar gekochte Kartoffeln übrig, Brötchenreste blockieren den Brotkasten und im Gemüsefach welken ein halber Salatkopf und ein paar Kräuter langsam vor sich hin. Viel zu oft landen solche Reste in der Mülltonne. Jeder von uns wirft pro Jahr circa 80 Kilogramm Lebensmittel weg, das sind zwei vollgepackte Einkaufswagen. Etwa die Hälfte davon sind Obst und Gemüse. Vieles wird entsorgt, obwohl es noch ohne Weiteres verzehrt werden könnte. Besonders bei Milchprodukten halten wir uns oft an das Mindesthaltbarkeitsdatum. Doch „abgelaufen" heißt nicht automatisch „nicht mehr genießbar".

Lebensmittel sind ein kostbares Gut, mit dem wir achtsam und verantwortlich umgehen sollten. Ihrer sinnlosen Verschwendung können wir mit klug geplantem Einkaufen, richtigem Lagern und mit der kreativen Verarbeitung von Resten in der Küche gegensteuern – und damit ganz nebenbei auch noch die Haushaltskasse schonen.

Resteküche muss nicht langweilig sein. Das beweisen übrig gebliebener Salat, der sich in eine Gazpacho verwandelt, und Gemüsereste, die für feine Tartes Verwendung finden. Aus alten Brötchen wird ein leckerer Brotsalat und aus dem Spaghetti-Rest ein knuspriger Nudel-Puffer. Ein Blick in die Küchen anderer Länder zeigt, dass Gemüse-, Wurst- und Käsereste auch als Füllung für Weizen-Tortillas prima geeignet sind.

Nicht mehr ganz so knackiges Obst und Gemüse, das man im Sommer preiswert in oft zu großen Mengen eingekauft hat, lässt sich wunderbar als Vorrat für die kalte Jahreszeit zu Marmelade, Sirup, Chutney oder Ketchup verarbeiten. Und selbst aus „Abfällen" wie Kartoffelschalen, Kohlrabi- und Radieschenblättern, die bislang in der Bio-Tonne landeten, lassen sich ungeahnte Köstlichkeiten zaubern: knusprige Chips, ein feines Süppchen oder ein würziges Pesto.

Lassen Sie sich inspirieren von unseren Rezeptideen. Wir wünschen Ihnen viel kreatives Kochvergnugen und rest(e)losen Genuss!

VORRATSHALTUNG

einkaufen & lagern

DER ERSTE SCHRITT, UM ZU VERMEIDEN, DASS LEBENSMITTEL IM MÜLL LANDEN, IST EIN GUT GEPLANTER EINKAUF. UND DURCH SACHGEMÄSSE LAGERUNG KANN MAN DIE HALTBARKEIT DER VORRÄTE VERLÄNGERN.

EINKAUFEN MIT PLAN

Wer nach der Arbeit hungrig in den Supermarkt eilt, ohne zu wissen, was er wirklich braucht, gerät leicht in Versuchung, zu viele Lebensmittel in den Einkaufswagen zu packen. Hinzu kommt, dass wir uns auch oft von Sonderangeboten für XXL-Packungen verführen lassen, von denen wir dann nur einen Teil nutzen können. Ein regelmäßiger Check unserer Vorräte und ein Einkaufszettel sind hier eine gute Hilfe.

Ein Basisvorrat an lagerfähigen Lebensmitteln, ergänzt durch einige frische Zutaten, sollte in jeder Küche vorhanden sein und ist wichtige Voraussetzung dafür, mit Resten eine leckere Mahlzeit zaubern zu können. Nicht fehlen darf das obligatorische Paket Nudeln und Reis. Thunfisch und geschälte Tomaten leisten gute Dienste für Salate und Pastasaucen. Auch Zutaten wie getrocknete Tomaten, Oliven und Nüsse sind vielseitig einsetzbar. Extras wie Kokosmilch und Couscous sorgen für Abwechslung auf der Speisekarte. Zwei Öle, kalt gepresstes Olivenöl für Salat und ein neutrales, hoch erhitzbares Pflanzenöl zum Braten, gehören zu den Basics. Mit Parmesan, Schafskäse oder Mozzarella aus dem Kühlschrank lässt sich viel Kreatives zubereiten und mit einem Klecks Crème fraîche so manches Gericht verfeinern.

LAGERN MIT SYSTEM

Lagerfähige Vorräte wie Nudeln, Reis, Mehl oder auch Konserven können, sofern kein kühler, trockener Vorratsraum oder Keller zur Verfügung steht, bei Zimmertemperatur in den Vorratsschränken der Küche aufbewahrt werden. Beim Auffüllen der Vorräte immer darauf achten, die neu gekauften Lebensmittel hinter den älteren Produkten einzulagern, damit diese zuerst verbraucht werden.

Brot und Brötchen können ebenfalls bei Zimmertemperatur aufbewahrt werden, zum Schutz vor dem Austrocknen am besten in einem Brottopf oder Brotkasten. Dabei regelmäßig die Krümel entfernen und, um Schimmelbildung vorzubeugen, den Behälter mit Essig oder Essig-Essenz reinigen.

Auch manche **Obst- und Gemüsesorten** wie z.B. Tomaten, Avocados und Bananen lässt man besser bei Zimmertemperatur reifen,
da sie im Kühlschrank an Aroma verlieren.

Äpfel sollte man nicht zusammen mit anderem Obst lagern, da sie Ethylen abgeben, das dane-

benliegendes Obst und Gemüse schneller reifen bzw. verderben lässt. Wer diesen Effekt aber gezielt nutzen möchte: Ein reifer Apfel in der Nachbarschaft einer zu harten Avocado oder Kiwi beschleunigt den Reifeprozess.
Kartoffeln lagert man am besten in einer Kiste mit Papier abgedeckt in einem kühlen, dunklen und gut belüfteten Keller.

RICHTIG KÜHLEN

Der wichtigste Lagerort für die kurzfristige Aufbewahrung von leicht verderblichen Lebensmitteln ist der Kühlschrank. Da er verschiedene Temperaturzonen hat, sollte man beim Einräumen der Vorräte beachten, in welchem Fach sie am besten aufgehoben sind. Den Kühlschrank nicht zu voll packen, sonst kann die Luft nicht mehr zirkulieren und es wird zu warm. Gekochte Reste immer gut abkühlen lassen, bevor man sie einräumt.
Oberes Fach (7 – 8 °C): Für Käse, Geräuchertes, gegarte Speisen.
Mittleres Fach (4 – 6 °C): Ideal für Milchprodukte wie Joghurt, Sahne, Crème fraîche, Quark.
Unteres Fach, über der Glasplatte (3 – 4 °C): Für leicht verderbliche Lebensmittel wie frisches Fleisch, Geflügel, Fisch, Aufschnitt.
Kühlschranktür (ca. 9 °C): Für Getränke, Butter, Senf, Ketchup, Saucen, Eier.
Gemüsefach (9 – 11 °C): Für Gemüse und Obst (außer Tomaten, Avocados, exotische Früchte wie Ananas, Mangos, Bananen und Zitrusfrüchte).

GUT VERPACKT

Um die Lebensmittel vor dem Austrocknen zu schützen und auch um Geruchsübertragung zu vermeiden, sollte man sie gut verpackt oder abgedeckt in den Kühlschrank stellen. Gut geeignet für die Aufbewahrung sind Glas- und Porzellangefäße, Kunststoffboxen und -beutel, Aluminium- und Frischhaltefolie, Papiertüten und gelochte Folienbeutel speziell für Obst und Gemüse.

- Salatköpfe, Spargel, Frühlingszwiebeln und frische Kräuter bleiben länger frisch, wenn man sie in ein feuchtes Tuch wickelt.
- Fisch, Fleisch und Geflügel nach dem Einkauf aus dem Papier wickeln, in eine Glasschüssel oder auf einen großen Teller legen, mit Frischhaltefolie abdecken und sofort in den Kühlschrank legen. Vorsicht mit Hackfleisch: Es sollte noch am Einkaufstag verbraucht werden. Rohes Geflügelfleisch grundsätzlich getrennt von anderen Lebensmitteln aufbewahren.
- Wurst lässt sich gut in einer Frischhaltebox lagern.
- Käse bewahrt man am besten in beschichtetem Einschlagpapier (von der Käsetheke) oder in Butterbrotpapier auf.

EINFRIEREN

Um Reste oder auf Vorrat Gekochtes länger aufzubewahren, kann man sie auch auf Eis legen. Einfrieren sollte man allerdings nur in Tiefkühlschränken und -truhen (**** mit 4 Sternen gekennzeichnete Kühlleistung). Das Drei-Sterne-Fach im Kühlschrank ist nicht für längeres Einfrieren geeignet.
Wichtig ist es, die Lebensmittel luftdicht und in möglichst kleinen Portionen zu verpacken. Gut geeignet sind Gefrierbeutel oder -dosen. Ist die Verpackung undicht, kann Gefrierbrand entstehen: Die betroffenen Stellen trocknen aus und verlieren an Geschmack.
Beschriften Sie die Packungen immer mit Datum, Inhalt und Portionsgröße. Um ein unübersichtliches Sammelsurium im Tiefkühlschrank zu vermeiden, ist es auch sinnvoll, jedem Fach einen bestimmten Inhalt zuzuordnen, zum Beispiel nach Gemüse, Fleisch etc. zu sortieren. Hilfreich ist es auch, eine Liste zu führen, damit man den Überblick über die eingefrorenen Vorräte nicht verliert und die Lebensmittel dann doch im Müll landen müssen.

Fleisch und Fisch

Diese Lebensmittel sollten möglichst luftdicht eingefroren werden, damit kein Gefrierbrand entstehen kann. Am besten verwendet man hierfür Gefrierbeutel. Noch besser ist es, Fleisch und Fisch zu vakuumieren. Einige Händler bieten diesen Service schon beim Einkauf an. Hackfleisch muss sofort nach dem Einkauf eingefroren werden. Oder man brät es an und friert es danach, gut ausgekühlt, ein.

Gemüse und Obst

In schonenden Tiefschlaf versetzt, bleiben die Vitalstoffe weitestgehend erhalten, vorausgesetzt natürlich, die Produkte sind frisch und von guter Qualität. Damit sie nicht an Farbe und Aroma verlieren, werden die meisten Gemüsesorten nach dem Putzen und Zerkleinern kurz blanchiert und dann mit Eiswasser abgeschreckt.
Kräuter werden gehackt in kleinen Gefrierbeuteln oder in mit Wasser aufgefüllten Eiswürfelbehältern eingefroren.
Obst kann auch in pürierter Form tiefgefroren werden. So kann man auch leicht matschige Früchte noch retten und für einen Auflauf oder für eine Dessertsauce verwenden. Beeren zunächst auf einem Tablett nebeneinanderliegend tiefgefrieren, damit sie nicht aneinanderkleben. Erst danach in Gefrierbeutel oder -dosen umfüllen.

Brot und Gebäck

Backwaren möglichst frisch einfrieren. Schneidet man Brot vorher in Scheiben, kann man sie leicht einzeln entnehmen und schnell im Toaster auftauen.

Gekochtes

Gerichte wie Suppen, Eintöpfe, Fleischgerichte und Saucen sollte man möglichst schnell nach der Zubereitung gut abgekühlt einfrieren, am besten in Gefrierboxen. Das Einfrieren kleiner Reste, z.B. von Nudeln, kann sich lohnen, wenn man diese in Gefrierbehältern sammelt, d.h. immer weiter mit Resten befüllt.

HALTBARKEIT

Noch genießbar oder bereits verdorben? Das ist bei vielen Lebensmitteln nicht immer ganz klar, auch wenn es für die meisten Richtwerte und Empfehlungen der Hersteller gibt (siehe auch unsere Zusammenstellung „So lange schmeckt's" auf Seite 136). Vieles landet zu schnell im Müll, obwohl es noch genießbar wäre. Aber es gibt auch deutliche Anzeichen dafür, dass etwas wirklich schon verdorben ist.

Mindesthaltbarkeit
MHD – das sogenannte Mindesthaltbarkeitsdatum von Lebensmitteln ist eine Empfehlung des Herstellers, das Produkt bis zu diesem Datum aufzubrauchen. Er garantiert, dass die Eigenschaften wie Geschmack, Geruch, Farbe, Konsistenz und Nährwert bis zum aufgedruckten Datum erhalten bleiben. Ist dieses Mindesthaltbarkeitsdatums abgelaufen, bedeutet es aber nicht unbedingt, dass die Lebensmittel verdorben sind und weggeworfen werden müssen. Bei einem bis dahin ungeöffneten Produkt dürfen Sie sich getrost auf Ihre Sinne verlassen. Alles, was gut aussieht, gut riecht und auch so schmeckt, kann in der Regel auch noch verzehrt werden.

Verbrauchsdatum
Bei leicht verderblichen Lebensmitteln ist das Verbrauchsdatum auf der Verpackung mit „zu verbrauchen bis" angegeben, ebenso die Lagerbedingungen, die man dabei einhalten sollte. Ist das Verbrauchsdatum überschritten, kann diese Ware durch Keime schnell verderben und die Gesundheit beeinträchtigen. Deshalb gibt's hier leider nur noch eines: ab damit in die Tonne. Das gilt insbesondere für sehr empfindliche Lebensmittel wie Hackfleisch, Geflügel, rohe Bratwurst und Fisch.

Endstation Tonne
Manchmal ist sie nicht zu vermeiden: Denn Mikroorganismen wie Bakterien und Schimmelpilze, falsche Lagerbedingungen, unzureichende Kühlung, Parasitenbefall oder Verunreinigungen sind immer wieder Ursache für den Verderb von Lebensmitteln.

Bei folgenden Anzeichen müssen Lebensmittel unbedingt entsorgt werden:
Fleisch, Geflügel und Wurst: unangenehmer, stechender Geruch, schmierige Oberfläche, untypische Verfärbungen mit gelb-grünem Schimmer.
Fisch: unangenehmer, strenger Fischgeruch, trübe, eingefallene Augen, braune oder gräuliche Kiemen, Schleimbildung auf der Oberfläche.
Obst und Gemüse: braun angefaultes, wasserhaltiges Obst und Gemüse (z. B. Tomaten, Pfirsiche, Birnen) kann das gesundheitsschädliche Schimmelpilzgift Patulin enthalten. Bei härteren Arten wie Äpfeln allerdings enthält das Fruchtfleisch rund um den befallenen Bereich deutlich weniger, nach 2 cm Abstand gar kein Patulin mehr. Hier reicht es, die befallenen Stellen großzügig herauszuschneiden.
Bei Schimmelbildung sollten alle Lebensmittel umgehend entsorgt werden. Eine Ausnahme ist Hartkäse am Stück, hier kann man die befallenen Stellen großzügig entfernen.

GEMÜSE

restlos genießen

EIN STÜCK GURKE, EIN HALBER SALATKOPF, EINE NICHT MEHR GANZ SO KNACKIGE PAPRIKASCHOTE: MIT ETWAS KREATIVITÄT LASSEN SICH MIT DEN ÜBERBLEIBSELN AUS DER GEMÜSEKISTE TOLLE GERICHTE ZAUBERN.

KOPFSALATSUPPE
mit Ingwer und Limette

KEINE LUST, AUS DEN GRÜNEN BLÄTTERN SCHON WIEDER EINEN SALAT ZU MACHEN? DIE WÜRZIGE SUPPE IST EINE KÖSTLICHE ALTERNATIVE.

Zutaten für 2 Portionen

- ½ Kopfsalat oder anderer Blattsalat
- 1 Bund Petersilie
- 1 getrocknete Chilischote
- 1 Zwiebel
- 1 Knoblauchzehe
- 1 EL Butter
- 10 g Ingwer
- 400 ml Gemüsebrühe
- 3 EL Kokosmilch oder Sahne
- abgeriebene Schale und Saft von ½ Bio-Limette
- Salz, Pfeffer aus der Mühle
- 2 Scheiben altbackenes helles Brot
- 1 EL Olivenöl

Zeitbedarf
- 35 Minuten

So geht's

1. Den Salat waschen. Einige helle Blätter zur Seite legen. Die Petersilie waschen, trocken schütteln und hacken. Die Chilischote hacken. Die Zwiebel und den Knoblauch schälen, fein hacken und mit der Chilischote in Butter glasig dünsten. Den Ingwer schälen, hacken und zugeben. Mit der Brühe ablöschen.
2. Die Salatblätter zugeben und in der Brühe zusammenfallen lassen. 8 – 10 Minuten bei schwacher Hitze zugedeckt köcheln lassen. Die Petersilie und die Kokosmilch oder Sahne hinzufügen. Die Suppe mit dem Stabmixer pürieren. Limettenschale und -saft zugeben, mit Salz und Pfeffer würzen. Die Suppe warm halten.
3. Die Brotscheiben würfeln. In einer Pfanne das Öl erhitzen und die Brotwürfel darin goldgelb rösten. Mit Salz und Pfeffer würzen. Die restlichen hellen Salatblätter in feine Streifen schneiden. Die Suppe mit den Croûtons und Salatstreifen in vorgewärmten Suppentellern anrichten.

DIE VARIANTE | SALAT-GAZPACHO

400 g übrig gebliebener Salat (Blattsalat, Tomate, Gurke, Paprika, Zwiebel, mit Essig und Öl angemacht), 1 getrocknete Chilischote, 100 ml Tomatensaft, 100 ml Gemüsebrühe Den Salat in einen hohen Rührbecher geben. Die Chilischote hacken und dazugeben. Tomatensaft und Gemüsebrühe zugießen und pürieren. Die Suppe gut gekühlt genießen.

RESTLOS!

KOKOSMILCH

Einmal geöffnet, muss sie innerhalb weniger Tage verbraucht werden. Aber sie lässt sich gut einfrieren, am besten in einem Eiswürfelbehälter. Die Würfel dann anschließend in einer Tüte im Gefrierfach aufbewahren, so hat man bei Bedarf immer eine kleine Menge im Vorrat.

KOHLRABIGRATIN
mit Basilikum

AUS DER KUGELIGEN KNOLLE WIRD HIER MAL NICHT WIE ÜBLICH EINE GEMÜSEBEILAGE, SONDERN EIN MEDITERRAN ANGEHAUCHTER AUFLAUF.

Zutaten für 2 Portionen

- 2 Bio-Kohlrabi (ca. 500 g) mit Blättern
- ½ Bund Basilikum
- 1 TL Butter
- Salz, Pfeffer aus der Mühle
- 3 EL Olivenöl
- abgeriebene Schale und Saft von ½ Bio-Zitrone
- 50 ml Gemüsebrühe
- 1 Scheibe altbackenes Vollkornbrot
- 30 g Parmesan am Stück

Zeitbedarf
- 35 Minuten
- 40 Minuten gratinieren

So geht's

1. Die Kohlrabiblätter von den Knollen abdrehen, für die Suppe (siehe Seite 17) beiseitelegen. Die Knollen schälen und mit dem Gemüsehobel in hauchdünne Scheiben schneiden. Den Backofen auf 200 °C (Umluft 180 °C) vorheizen.
2. Das Basilikum waschen, trocken schütteln und klein schneiden. Eine ofenfeste Form mit Butter einfetten, den Boden mit den Kohlrabischeiben auslegen. Mit Salz und Pfeffer würzen. Etwas Basilikum darüberstreuen. Den Vorgang wiederholen, bis die Kohlrabischeiben und das Basilikum verbraucht sind.
3. Olivenöl mit Zitronensaft und -schale und Brühe verrühren, über das Gemüse gießen. Das Brot fein zerkrümeln. Den Käse reiben und mit den Brotkrümeln mischen.
4. Das Kohlrabigemüse im Ofen 35 Minuten gratinieren. Nach 15 Minuten die Brot-Käse-Mischung darüberstreuen. Falls das Gratin zu dunkel werden sollte, mit Backpapier abdecken.

Dazu passen besonders gut Stampfkartoffeln.

KOHLRABISUPPE
aus Blättern

DIE VITAMINREICHEN BLÄTTER DER KOHLRABI BLOSS NICHT WEGWERFEN, DENN DARAUS LÄSST SICH EINE FEINE SUPPE ZUBEREITEN.

Zutaten für 2 Portionen

- 1 Zwiebel
- Blätter von 2 Bio-Kohlrabi
- 150 g Kartoffeln
- 3 EL Butter
- Salz, Pfeffer aus der Mühle
- 100 ml Sahne
- ½ Bund Petersilie
- 1 TL Korianderkörner
- 3 EL Semmelbrösel (siehe auch Seite 91)
- abgeriebene Schale und Saft von ½ Bio-Zitrone
- 1 Msp. geriebene Muskatnuss
- 1 EL gutes Olivenöl

Zeitbedarf
- 40 Minuten
- 20 Minuten garen

So geht's

1. Die Zwiebel schälen und würfeln. Die Kohlrabiblätter waschen, trocken schütteln und grob hacken. Die Kartoffeln schälen, waschen und klein schneiden.
2. 1 EL Butter erhitzen und die Zwiebeln darin glasig dünsten. Die Kohlrabiblätter und Kartoffeln zugeben, 2 Minuten mitdünsten, salzen und pfeffern. 300 ml Wasser und die Sahne zugeben. Zugedeckt 20 Minuten bei mittlerer Hitze garen.
3. Die Petersilie waschen, trocken schütteln und klein schneiden. Die Korianderkörner im Mörser zerdrücken. In einer Pfanne die restliche Butter erhitzen. Semmelbrösel zugeben und unter Rühren knusprig braten. Zitronenschale und Petersilie untermischen, kurz mitbraten, mit Salz und Pfeffer würzen.
4. Die Suppe mit dem Stabmixer pürieren und mit Zitronensaft, Salz, Pfeffer und Muskat abschmecken. Mit Olivenöl beträufeln und mit den Bröseln bestreuen.

SO SCHMECKT'S AUCH | MIT RADIESCHENBLÄTTERN **Für diese Suppe kann man auch die Blätter von 1 Bund Radieschen verwenden. Radieschenblätter sollte man nach dem Kauf immer abschneiden und separat aufbewahren, so bleiben die Radieschen schön knackig.**

RESTLOS!

AUS 1 MACH 2

FENCHELGEMÜSE

kalt & warm genießen

DIE KNOLLE MIT DEM AROMATISCHEN GRÜN RAFFINIERT ZUBEREITET: EINE HÄLFTE VORWEG ALS SALAT, DIE ANDERE ALS PASTA.

FENCHEL-CAPRESE

½ Fenchelknolle mit Grün (ca. 150 g), 1 gelbe Paprikaschote, 1 frische rote Chilischote, 125 g Mozzarella, Saft von ½ Orange, 4 EL Olivenöl, Salz, weißer Pfeffer aus der Mühle

So geht's: Fenchel waschen, das Grün beiseitelegen. Fenchel mit dem Gemüsehobel in hauchdünne Scheiben schneiden. Die Paprikaschote putzen und waschen. Mit dem Sparschäler von oben nach unten in dünne Streifen schneiden, Trennwände und Kerne entfernen. Chilischote längs halbieren, entkernen, waschen und in feine Ringe schneiden. Mozzarella abtropfen lassen und in Scheiben schneiden. Orangensaft mit Öl und Chiliringen verrühren, mit Salz und Pfeffer abschmecken. Auf einem großen Teller Fenchel- und Mozzarellascheiben dachziegelförmig anordnen. Die Paprikastreifen zu einem Knäuel formen und in die Mitte legen. Alles mit Vinaigrette beträufeln, mit Fenchelgrün garnieren.

PASTA MIT FENCHEL

200 g Nudeln, 1 Knoblauchzehe, ½ Fenchelknolle mit Grün (ca. 150 g), 2 EL gehackte Mandeln, 3 EL Olivenöl, abgeriebene Schale von 1 Bio-Zitrone, Salz, Pfeffer aus der Mühle, 2 altbackene Scheiben Brot, restliches Fenchelgrün, 30 g Parmesan am Stück

So geht's: Die Nudeln nach Packungsanweisung kochen. Den Knoblauch schälen und hacken. Den Fenchel waschen, das Grün beiseitelegen. Fenchel in kleine Würfel schneiden. Knoblauch und Fenchel mit den gehackten Mandeln in 2 EL Öl anrösten. Zitronenschale und etwas Nudelkochwasser zugeben. Die Nudeln abgießen und unter den Fenchel mischen. Mit Salz und Pfeffer abschmecken. Die Brotscheiben würfeln und in 1 EL Öl rösten. Das Fenchelgrün hacken. Den Parmesan reiben. Mit den gerösteten Brotwürfeln über die Pasta streuen.

GURKEN
nicht nur für Salate

AUCH WENN SIE MEIST SALATGURKE GENANNT WIRD: SIE EIGNET SICH AUCH GANZ PRIMA FÜR SUPPEN, COUSCOUS ODER EINEN AUFSTRICH.

GURKEN-LACHS-TAGLIATELLE

½ Salatgurke, 100 g Räucherlachs, 1 EL saure Sahne, 1 EL Joghurt, 1 EL Zitronensaft, 1 TL Sahnemeerrettich, Salz, Pfeffer aus der Mühle, ½ Bund Dill

So geht's: Die Gurke waschen, schälen und mit dem Sparschäler in dünne Streifen schneiden. Den Räucherlachs in dünne Streifen schneiden. Die saure Sahne mit Joghurt, Zitronensaft und Sahnemeerrettich verrühren. Mit Salz und Pfeffer würzen. Den Dill waschen, trocken schütteln, hacken und unterrühren. Das Dressing mit den Lachs- und Gurkenstreifen mischen. Mit einer Fleischgabel portionsweise zu Rollen oder Nestern formen.

Passt gut: als Beilage zu Pellkartoffeln.

GURKEN-APFEL-DRESSING

125 g saure Sahne, 2 EL Mayonnaise, 2 TL Zitronensaft, 1 TL eingelegte Kapern, 1 säuerlicher Apfel, ½ Salatgurke, Salz, Pfeffer aus der Mühle

So geht's: Die saure Sahne mit der Mayonnaise, dem Zitronensaft und den Kapern verrühren. Den Apfel waschen, schälen, entkernen und in kleine Würfel schneiden. Die Apfelwürfel unterrühren. Die Gurke waschen, schälen und der Länge nach vierteln. Die Kerne entfernen, die Gurke in Scheiben schneiden und unter das Dressing rühren. Mit Salz und Pfeffer würzen.

Passt gut: zu Matjes oder Hering, zu Räucherfisch und/oder Pellkartoffeln.

GURKEN-COUSCOUS-SALAT

125 g Instant-Couscous, Salz, ½ Salatgurke, 100 g Fetakäse, 2 Zweige Minze, 1 Schalotte, 1 Knoblauchzehe, 4 EL Olivenöl, 2 EL weißer Balsamico-Essig, Salz, Pfeffer aus der Mühle, 125 g Naturjoghurt, 1 Spritzer Zitronensaft

So geht's: Den Couscous in eine Schüssel geben und mit 200 ml kochend heißem Salzwasser übergießen. Ca. 5 Minuten quellen lassen. Die Salatgurke waschen, schälen und in kleine Würfel schneiden. Den Feta zerbröckeln. Die Minze waschen und trocken schütteln. Die Blättchen von den Stielen zupfen und grob hacken. Die Schalotte und den Knoblauch abziehen, würfeln und in 2 EL Olivenöl glasig dünsten. Mit Essig ablöschen und zum Couscous geben. Restliches Öl, Gurkenwürfel, Feta und Minze vorsichtig unterrühren. Mit Salz und Pfeffer abschmecken. Den Joghurt mit Zitronensaft verrühren. Mit Salz und Pfeffer abschmecken und als Dip zum Salat reichen.

GURKEN-KRÄUTER-GAZPACHO

½ Salatgurke, je 1 Bund Schnittlauch und Petersilie, 400 ml Kefir, 1 TL Senf, 2 TL Zitronensaft, Salz, Pfeffer aus der Mühle

So geht's: Die Gurke waschen, schälen, halbieren und in Stücke schneiden. Schnittlauch und Petersilie waschen, trocken schütteln und grob zerkleinern. Die Gurkenstücke mit dem Kefir, den Kräutern, dem Senf und dem Zitronensaft mit dem Stabmixer pürieren. Mit Salz und Pfeffer abschmecken. Gut durchgekühlt mit Baguette servieren.

GURKEN-KRESSE-AUFSTRICH

½ Salatgurke, 150 g körniger Frischkäse, Salz, Pfeffer aus der Mühle, 1 Beet Gartenkresse

So geht's: Die Gurke waschen, schälen, längs halbieren und die Kerne entfernen. Auf einer Küchenreibe die Gurke grob raspeln und auf einem Sieb abtropfen lassen. Mit dem Frischkäse verrühren und mit Salz und Pfeffer abschmecken. Die Kresse vom Beet schneiden und unterrühren.

Passt gut: zu allen Brotsorten.

WEISSKOHLTOPF
mit Ingwer und Chili

KOHLKÖPFE KÖNNEN SCHON MAL 2 KILO WIEGEN. RESTE VON DEN SCHWERGEWICHTEN SIND AUCH PRIMA IN DER SUPPENSCHÜSSEL AUFGEHOBEN.

Zutaten für 2 Portionen

- ca. 300 g Weißkohl
- 2 Möhren
- 1 Zwiebel
- 1 Knoblauchzehe
- 20 g frischer Ingwer
- 1 getrocknete Chilischote
- 1 EL Raps- oder Sesamöl
- 500 ml Gemüsebrühe
- Salz, Pfeffer aus der Mühle
- 120 ml Sahne oder Kokosmilch
- 1 TL Currypulver
- 2–3 EL Limettensaft
- 4 Zweige Koriander

Zeitbedarf
- 30 Minuten
- 15 Minuten garen

So geht's

1. Den Weißkohl putzen und waschen. Den Strunk herausschneiden und beiseitelegen. Den Kohl in Streifen schneiden. Die Möhren putzen, waschen, schälen und schräg in dünne Scheiben schneiden. Zwiebel und Knoblauch schälen und würfeln. Den Ingwer schälen und fein hacken. Die Chilischote entkernen und ebenfalls fein hacken.
2. Das Öl in einem großen Topf erhitzen, Zwiebel und Knoblauch darin glasig dünsten. Ingwer und Chilischote hinzufügen und kurz mitdünsten. Die Kohlstreifen, den Strunk (gibt Geschmack!) und die Möhrenscheiben zugeben, 5 Minuten dünsten. Mit der Brühe aufgießen und mit Salz und Pfeffer würzen. Die Suppe aufkochen lassen und bei schwacher Hitze 15 Minuten weiterköcheln lassen. Danach den Strunk entfernen.
3. Sahne oder Kokosmilch und Currypulver unterrühren, mit Limettensaft abschmecken. Den Koriander waschen, trocken schütteln, die Blättchen von den Stielen zupfen. Die Suppe in vorgewärmte Teller füllen, mit den Korianderblättchen garnieren.

AUCH GUT | ANDERE KOHLSORTEN **Auch Reste von Wirsing, Grünkohl oder Blumenkohl (in Röschen geteilt) kann man für diesen Eintopf verwenden.**

ENDIVIENAUFLAUF
mit Ziegenkäse

VON DEN MEIST SEHR GROSSEN SALATKÖPFEN BLEIBT OFT WAS ÜBRIG. DEN REST STATT ALS SALAT EINFACH MAL ALS AUFLAUF ZUBEREITEN.

Zutaten für 2 Portionen

- 500 g Kartoffeln
- 50 g Frühstücksspeck
- 2 EL Butter
- 100 ml Milch
- 2 EL Pesto (aus dem Glas oder siehe Seite 28)
- 2 EL Pinienkerne
- ca. 400 g Endiviensalat
- 8 getrocknete und eingelegte Tomaten
- 10 schwarze Oliven ohne Stein
- 80 g Ziegenweichkäse

Zeitbedarf
- 50 Minuten
- 15 Minuten gratinieren

So geht's

1. Die Kartoffeln schälen, in Stücke schneiden und ca. 20 Minuten in Salzwasser weich kochen.
2. Währenddessen den Speck quer in 2 cm breite Streifen schneiden und in 1 EL Butter knusprig braun braten. Die Milch aufkochen und das Pesto unterrühren. Die Pinienkerne in einer Pfanne ohne Fett rösten. Den Endiviensalat waschen und in 1 cm breite Streifen schneiden. Die restliche Butter erhitzen und den Salat unter ständigem Rühren 1 Minute andünsten.
3. Die Kartoffeln abgießen, fein zerstampfen und mit der Pesto-Milch mischen. Getrocknete Tomaten in Stücke schneiden, Oliven halbieren. Das Püree mit Endiviensalat, Frühstücksspeck, getrockneten Tomaten und Oliven vermengen.
4. Den Backofen auf 200 °C (Umluft 180 °C) vorheizen. Die Kartoffel-Endivien-Masse in eine ofenfeste Auflaufform geben und glatt streichen. Den Ziegenweichkäse zerbröckeln und mit den Pinienkernen auf dem Auflauf verteilen. Im Ofen 15 Minuten überbacken.

SO SCHMECKT'S AUCH | KÄSE **Anstatt Ziegenkäse können Sie natürlich auch andere Sorten Weichkäse verwenden. Auch geriebene Hartkäsereste eignen sich zum Überbacken.**

RESTLOS!

MÖHREN

MÖHRENSCHALEN Für Möhrenstroh 100 g Schalen in einer Schüssel in 2 EL Mehl wenden. 100 ml Öl erhitzen und die Schalen etwa 1 Minute frittieren. Mit einer Schaumkelle herausnehmen und auf Küchenpapier abtropfen lassen. Leicht salzen. Als Topping für Salate und Dips.

MÖHRENGRÜN Getrocknet und pulverisiert hat es einen leichten Möhrengeschmack und lässt sich für grüne Smoothies (siehe Seite 131) oder für Pesto (siehe Seite 29) verwenden.

CURRYMÖHREN

mit Koriander-Couscous

VIELSEITIGE GELBE RÜBEN: SCHNELL IST DARAUS EIN EXOTISCHES CURRY GEKOCHT UND AUS DEN SCHALEN WIRD EIN FEINES SÜPPCHEN.

Zutaten für 2 Portionen

- 500 g Möhren
- 100 ml Orangensaft
- 2 EL Butter
- 1 TL Senfkörner
- 2 Gewürznelken
- 1 TL gemahlener Kreuzkümmel
- 1 TL Currypulver
- 1 Banane
- 2 EL Rosinen
- 150 ml Gemüsebrühe
- 125 g Couscous
- 1 TL gemahlener Koriander

Zeitbedarf

- 30 Minuten
- 10 Minuten garen

So geht's

1. Die Möhren gründlich waschen und schälen, die Schalen für die Suppe beiseitelegen. Die Möhren in Scheiben schneiden. Orangensaft mit 70 ml Wasser erhitzen, die Möhren darin ca. 10 Minuten bissfest garen.
2. Die Butter erhitzen. Senfkörner, Gewürznelken, Kreuzkümmel- und Currypulver zugeben, unter Rühren 1 Minute bei mittlerer Hitze anschwitzen.
3. Die Banane schälen und in Scheiben schneiden. Mit den Rosinen in der Gewürzmischung schwenken. Die Möhren mit der Kochflüssigkeit zugeben, vorsichtig vermischen.
4. Die Gemüsebrühe aufkochen und über den Couscous geben. 5 Minuten quellen lassen, mit Koriander würzen. Mit den Currymöhren servieren.

AUS DEM REST | KLARE MÖHRENSUPPE

1 Zwiebel, 1 Knoblauchzehe, 20 g Ingwer, 1 EL Öl, 1 Chilischote, je 1 TL Curry-, Koriander- und Paprikapulver, Möhrenschalen (ca. 100 g), 450 ml Gemüsebrühe, 60 g altbackenes Brot, Salz, Pfeffer aus der Mühle, 1 EL gehackte Petersilie Zwiebel, Knoblauch und Ingwer schälen, fein würfeln, in Öl glasig dünsten. Chilischote hacken und zugeben. Mit Curry-, Koriander- und Paprikapulver bestäuben. Schalen zugeben, 3 Minuten dünsten. Mit Brühe ablöschen, zugedeckt 15 Minuten garen. Brot zerkleinern, mit 50 ml kochendem Wasser übergießen. Salz, Pfeffer und Petersilie unterrühren, zu einer festen Masse kneten. Möhrenfond durch ein Sieb gießen. Aus der Brotmasse kleine Nocken formen, im heißen Fond 5 Minuten ziehen lassen.

GEMÜSETARTE
mit Feta und Kräutern

OB PAPRIKASCHOTEN MIT LEICHTEN KNITTERFALTEN ODER NICHT MEHR GANZ SO KNACKIGE GEMÜSERESTE: HIER SIND SIE BESTENS AUFGEHOBEN.

Zutaten für 1 Tarte (26 cm Ø)

- 250 g Mehl
- 125 g kalte Butter
- 3 Eier
- 1 Prise Salz
- 2 Zwiebeln
- 2 Knoblauchzehen
- ca. 800 g Gemüsereste (z. B. Zucchini, Auberginen, Paprikaschoten, Tomaten)
- 4 EL Olivenöl
- Salz, Pfeffer aus der Mühle
- je 2 Zweige Thymian, Rosmarin und Oregano
- 200 g Fetakäse
- 100 ml Milch

Zeitbedarf
- 45 Minuten
- 45 Minuten backen

So geht's

1. Das Mehl in eine Schüssel füllen. Die Butter würfeln. 1 Ei, Butter und Salz zum Mehl geben, alles zu einem geschmeidigen Teig verarbeiten. Zugedeckt 30 Minuten ruhen lassen.
2. Zwiebeln und Knoblauch schälen und fein hacken. Gemüse waschen, putzen und in Würfel schneiden. Zwiebeln und Knoblauch in Öl glasig dünsten. Das Gemüse zugeben. Mit Salz und Pfeffer würzen. Die Kräuter waschen, trocken schütteln, hacken und zugeben. Offen 10 Minuten bei mittlerer Hitze schmoren.
3. Fetakäse in einer Schüssel mit einer Gabel zerdrücken. Mit den restlichen Eiern und der Milch verrühren. Mit Salz und Pfeffer würzen. Den Backofen auf 200 °C (Umluft 180 °C) vorheizen. Den Teig auf einer bemehlten Arbeitsfläche ausrollen und in eine gefettete, ofenfeste Form legen. Einen 3 cm hohen Rand formen.
4. Das Gemüse auf dem Teig verteilen, mit der Fetakäsemischung übergießen. Auf der mittleren Schiene im Ofen 45 Minuten backen.

DIE VARIANTE | GEMÜSE-FRITTATA

1 Zwiebel, 1 Knoblauchzehe, 2 EL Olivenöl, 400 g geputzte Gemüsereste, Salz, Pfeffer, 4 Eier, 40 g geriebener Parmesan, 1 Handvoll frische Gartenkräuter Zwiebel und Knoblauch schälen, hacken, in einer ofenfesten Pfanne in Öl glasig dünsten. Gemüsereste würfeln und zugeben. Salzen, pfeffern, 5 Minuten mitdünsten. Backofen auf 160 °C (Umluft 140 °C) vorheizen. Eier verquirlen, mit Salz und Pfeffer würzen. Parmesan und Kräuter unterrühren. Die Eimasse über das Gemüse gießen. Im Ofen auf mittlerer Schiene 10 Minuten stocken lassen. Schmeckt warm und kalt.

RESTLOS!

KÄSE & KRÄUTER

FETA Käsereste lassen sich gut noch einige Zeit im Kühlschrank aufbewahren, wenn man sie in Salzwasser einlegt.

KRÄUTERÖL Falls Kräuter übrig bleiben, kann man sie für Kräuteröl verwenden: 2 Zweige Thymian, 1 Zweig Rosmarin und 2 Zweige Oregano mit 1 Lorbeerblatt und 1 Chilischote in eine Flasche geben. Mit ¾ l Olivenöl auffüllen, sodass die Kräuter vollständig bedeckt sind. 2 – 4 Wochen kühl und dunkel lagern, danach durch ein Sieb gießen. Das fertige Kräuteröl in einer Flasche kühl und dunkel aufbewahren.

PESTO-VARIATIONEN

aus Blättern gemixt

OB KOHLRABI, ROTE BETE, RADIESCHEN, MÖHREN ODER FELDSALAT – ALLE HABEN EINES GEMEINSAM: VITAMINREICHE UND AROMATISCHE BLÄTTER. ZU SCHADE, UM SIE WEGZUWERFEN, ABER IDEAL FÜR PESTO!

Zubereitung: Wichtig ist es, dass die Blätter frisch und möglichst aus biologischem Anbau sind. Für Feldsalat ist diese Zubereitungsart bestens geeignet, um Reste aus angefangenen Packungen zu verarbeiten. Das Pesto passt nicht nur zu Pasta, sondern eignet sich auch zum Abschmecken von Gemüse, Sahnesaucen oder Suppen. Fein auch für Risotto, als Brotaufstrich und zum Marinieren von Grillfleisch. Die Zutatenmengen ergeben jeweils ca. 200 ml Pesto.
Aufbewahrung: Verbraucht man das Pesto nicht sofort, füllt man es in ein ausgekochtes Schraubdeckelglas. Bei Entnahme unbedingt einen sauberen Löffel verwenden. Wichtig ist, das Pesto danach immer wieder mit einer Schicht Öl zu bedecken, damit es nicht anfängt zu schimmeln. Es kann im Kühlschrank etwa 2 Wochen aufbewahrt werden.

KOHLRABIBLÄTTER-PESTO

Kohlrabiblätter mit Stielen von 1 Knolle (ca. 100 g), 40 g Sonnenblumenkerne, 1 Knoblauchzehe, 40 g geriebener Parmesan, 100 ml Olivenöl, Salz, Pfeffer aus der Mühle
So geht's: Die Kohlrabiblätter putzen, waschen, trocken schütteln und grob zerkleinern. Die Sonnenblumenkerne in einer Pfanne ohne Fett goldbraun rösten. Den Knoblauch schälen und grob zerkleinern. In einem hohen Rührbecher die Blätter mit Öl, Knoblauch, Parmesan und Sonnenblumenkernen mit dem Stabmixer pürieren. Mit Salz und Pfeffer abschmecken.
Passt gut: zu Pasta, gedünstetem Gemüse und gegrilltem Fleisch. Auch ideal zum Verfeinern von Suppen und Saucen.

MÖHRENGRÜN-PESTO

Grün von ½ Bund Möhren (ca. 100 g), 2 EL Kürbiskerne, 1 Knoblauchzehe, 40 g geriebener Parmesan, 50 ml Kürbiskernöl, 50 ml Sonnenblumenöl, Salz, Pfeffer aus der Mühle

So geht's: Möhrengrün waschen, trocken schütteln, von den Stielen zupfen. Kürbiskerne in einer Pfanne ohne Fett rösten. Knoblauch schälen und grob zerkleinern. Alle Zutaten mit dem Stabmixer pürieren. Mit Salz und Pfeffer abschmecken.

Passt gut: zu Pasta und gegrilltem Fleisch.

FELDSALAT-PESTO

100 g Feldsalat, 40 g Pinienkerne, 1 Knoblauchzehe, 1 getrocknete rote Chilischote, 30 ml Olivenöl, 2 EL Orangensaft, Salz, Pfeffer aus der Mühle, ½ TL edelsüßes Paprikapulver, evtl. 200 g Schafskäse

So geht's: Feldsalat putzen, waschen und trocken schleudern. Pinienkerne in einer Pfanne ohne Fett goldbraun rösten. Knoblauch schälen und grob zerkleinern. Chilischote grob hacken. Alle Zutaten mit dem Stabmixer pürieren. Mit Salz, Pfeffer und Paprikapulver abschmecken. Eventuell Schafskäse zerkrümeln und unterrühren.

Passt gut: zu Pasta und ofenwarmem Baguette.

RADIESCHENBLÄTTER-PESTO

Blätter von 2 Bund Radieschen (ca. 100 g), 40 g Haselnusskerne, 1 Knoblauchzehe, 40 g geriebener Parmesan, 100 ml Olivenöl, 2 EL Limettensaft, Salz, Pfeffer aus der Mühle

So geht's: Radieschenblätter waschen und trocken schütteln. Haselnusskerne grob hacken, in einer Pfanne ohne Fett goldbraun rösten. Knoblauch schälen und grob zerkleinern. Alle Zutaten mit dem Stabmixer pürieren. Mit Salz und Pfeffer abschmecken.

Passt gut: zu Pasta, gedünstetem Gemüse, gegrilltem Fisch und Fleisch.

ROTE-BETE-BLÄTTER-PESTO

Rote-Bete-Blätter mit Stielen von 2 Knollen (ca. 100 g), 40 g Mandeln, 100 ml Rapsöl, 2 EL Kokosraspeln oder geriebener Parmesan, Salz, Pfeffer aus der Mühle

So geht's: Die Blätter putzen, waschen, trocken schütteln und grob zerkleinern. Mandeln grob hacken, in einer Pfanne ohne Fett goldbraun rösten. Alle Zutaten mit dem Stabmixer pürieren. Mit Salz und Pfeffer abschmecken.

Passt gut: zu kaltem Braten, gegrilltem Huhn und würzigem Käse.

RESTLOS!

AUS 1 MACH 2

OFENKÜRBIS

fein-würzig mariniert

HERBSTZEIT – KÜRBISZEIT: OB ALS BEILAGE ODER RISOTTO, IM BACKOFEN GEGART SCHMECKT DIE RIESENBEERE BESONDERS AROMATISCH.

KÜRBISSPALTEN

2 TL Koriandersamen, 1 TL Fenchelsaat, Saft von 1 Orange, 80 ml Olivenöl, 2 getrocknete Chilischoten, 1 Knoblauchzehe, Salz, Pfeffer aus der Mühle, 1 Hokkaido-Kürbis (ca. 1 kg)

So geht's: Für die Marinade Koriandersamen und Fenchelsaat im Mörser zerstoßen. Mit Orangensaft und Olivenöl mischen. Chilischoten fein hacken und zugeben. Knoblauchzehe schälen, hacken und unterrühren. Mit Salz und Pfeffer abschmecken. Den Kürbis waschen, halbieren und entkernen. In 1–2 cm breite Spalten schneiden, in einer Schüssel mit der Marinade übergießen und 1 Stunde marinieren. Den Backofen auf 180 °C (Umluft 160 °C) vorheizen. Kürbisspalten mit Marinade auf einem Backblech verteilen und auf der mittleren Schiene 20–25 Minuten garen. Ca. 200 g danach für das Risotto beiseitestellen (abkühlen lassen und im Kühlschrank aufbewahren).

Schmeckt als Beilage zu kurz gebratenem Fleisch (z.B. Lammsteaks) oder Reisbällchen (siehe Seite 64).

KÜRBIS-RISOTTO

ca. 200 g gegarter Kürbis, 1 Zwiebel, 3 EL Butter, 150 g Risottoreis, 50 ml Weißwein, 400 ml heiße Hühnerbrühe, ½ TL Safranfäden 50 g geriebener Parmesan, Salz, Pfeffer aus der Mühle

So geht's: Den Kürbis in kleine Würfel schneiden. Die Zwiebel schälen, würfeln und in 1 EL Butter glasig dünsten. Den Reis einstreuen und unter Rühren glasig werden lassen. Mit Wein ablöschen. Nach und nach unter Rühren die heiße Brühe angießen. Safran in 1 EL Brühe auflösen. Wenn der Reis schön cremig, aber noch bissfest ist (nach ca. 20 Minuten), Safran und Kürbiswürfel zugeben. Die restliche Butter und den geriebenen Parmesan unterrühren. Mit Salz und Pfeffer abschmecken.

RESTLOS GUT | KÜRBISKERNE **Kerne unter fließendem Wasser gründlich abspülen und vom Fruchtfleisch befreien. Auf einem Backblech ausbreiten und mit Salz bestreuen. Im Ofen bei 200 °C (Umluft 180 °C) rösten. Nach 10 Minuten wenden und ca. 10 Minuten weiterrösten, bis sie leicht gebräunt sind. Kühl und trocken in einer Dose aufbewahren.**

RESTLOS!

QUARK & CRÈME FRAÎCHE

Damit die Reste aus angefangenen Packungen von Quark und Crème fraîche nicht im Kühlschrank vergessen werden, kann man gleich die doppelte Menge Kräutercreme zubereiten und am nächsten Tag als Brotaufstrich verwenden.

GRÜNE PFANNKUCHEN
mit Kräutercreme

ÜBRIGE BLÄTTER VON GEMÜSE ODER SALAT EINFACH MIT DEM TEIG PÜRIEREN – SCHON ERSCHEINT DER PFANNKUCHEN IM GRÜNEN OUTFIT.

Zutaten für 2 Portionen

- 125 g Mehl
- 2 Eier
- 70 ml Mineralwasser
- 70 ml Milch
- Salz, Pfeffer aus der Mühle
- ½ TL edelsüßes Paprikapulver
- ca. 50 g Blätter (z. B. Spinat, Feldsalat, Rucola, von Kohlrabi, Radieschen, Roter Bete)
- 125 g Magerquark
- 60 g Crème fraîche
- 1 Handvoll Gartenkräuter
- 2 EL Pflanzenöl

Zeitbedarf

- 30 Minuten

So geht's

1. Das Mehl in einer Rührschüssel mit Eiern, Mineralwasser und Milch zu einem glatten Teig verrühren. Mit Salz, Pfeffer und Paprikapulver würzen. Die Blätter waschen, trocken schütteln, grob zerkleinern und mit dem Teig mit dem Mixstab pürieren.
2. Für die Kräutercreme Quark mit Crème fraîche verrühren, mit Salz und Pfeffer würzen. Die Kräuter waschen, trocken schütteln, hacken und unterrühren.
3. In einer beschichteten Pfanne das Öl erhitzen. Nacheinander 2 Pfannkuchen backen. Dafür mit einer Schöpfkelle den Teig in die Mitte der Pfanne geben. Damit sich der Teig besser verteilt, die Pfanne etwas schwenken. Pfannkuchen bei schwacher Hitze ca. 2 Minuten backen. Zum Wenden auf einen großen Deckel gleiten lassen und zurück in die Pfanne geben.
4. Pfannkuchen mit Kräutercreme bestreichen. Zugedeckt die Creme warm werden lassen, zusammenklappen und servieren. Oder den Pfannkuchen abkühlen lassen, Kräutercreme aufstreichen und zusammenrollen. Mit einem scharfen Messer quer in 3 cm breite Röllchen schneiden. Als Fingerfood servieren.

SO SCHMECKT'S AUCH | KÄSERESTE **Anstatt mit Kräutercreme kann man den Pfannkuchen auch mit Käseresten (50 g geriebenem Hartkäse oder 80 g gewürfeltem Weichkäse oder auch gemischt) füllen. Verwendet man Schafskäse: 100 g Käse mit 50 g saurer Sahne pürieren und auf den Pfannkuchen streichen.**

RESTLOS!

AUS 1 MACH 2

ROTE BETE

mit Blättern

AUS DER TOLLEN KNOLLE MIT DEM ERDIGEN GESCHMACK LASSEN SICH RAFFINIERTE KÖSTLICHKEITEN ZUBEREITEN. UND DA DIE GARZEIT DOCH RECHT LANGE IST, LOHNT ES SICH, EINE GRÖSSERE MENGE ZU KOCHEN.

ROTE-BETE-CARPACCIO

800 g Rote Beten mit Blättern und Stielen, Salz, 2 Frühlingszwiebeln, 1 Knoblauchzehe, 150 g Naturjoghurt, 4 EL Olivenöl, 2 EL Balsamico-Essig, Pfeffer aus der Mühle, 40 g Walnüsse

So geht's: Die Roten Beten waschen. Blätter mit Stielen abdrehen und beiseitelegen. Die Knollen 45 Minuten in Salzwasser garen. Frühlingszwiebeln putzen, waschen und in Ringe schneiden. Knoblauch schälen, hacken, mit Joghurt verrühren. Frühlingszwiebeln, 2 EL Öl und 1 EL Essig unterrühren. Mit Salz und Pfeffer würzen. Die Nüsse grob hacken. Die Blätter mit Stielen 15 Minuten in 250 ml Salzwasser garen, abtropfen lassen. 2 EL Öl mit 1 EL Essig, Salz und Pfeffer verrühren, mit den Blättern mischen. Die Roten Beten schälen. 300 g beiseitelegen und im Kühlschrank aufbewahren. Den Rest in Scheiben schneiden, mit Dressing und Nüssen anrichten. Mit den Blättern umlegen. Schmeckt lauwarm oder kalt.

GEEISTE ROTE-BETE-SUPPE

½ Salatgurke, 2 Frühlingszwiebeln, 300 g gegarte Rote Beten, 125 g saure Sahne, 125 ml Kefir, 1 EL Weißweinessig, 1 Spritzer Zitronensaft, 1 EL gehackter Dill, Salz, Pfeffer aus der Mühle, Zucker, 1 hart gekochtes Ei, Dill zum Garnieren

So geh's: Die Gurke waschen, schälen und reiben. Die Frühlingszwiebeln waschen, putzen und in Ringe schneiden. Die Roten Beten in Stücke schneiden, mit der sauren Sahne und dem Kefir mit dem Mixstab pürieren. Gurken, Frühlingszwiebeln, Essig, Zitronensaft und Dill unterrühren. Mit Salz, Pfeffer und 1 Prise Zucker abschmecken. Die Suppe im Kühlschrank 2 Stunden durchziehen lassen. Dann 15 Minuten im Gefrierfach kühlen. Das Ei schälen und klein hacken. Die Suppe mit Ei und etwas Dill garnieren.

ROTE-BETE-TARTE

1 Packung Blätterteig (275 g; Kühlregal), 200 g Ziegenfrischkäse, 2 EL Sahne, Salz, Pfeffer aus der Mühle, 2 EL gehackte Petersilie, 300 g gegarte Rote Beten, 2 Zwiebeln

So geht's: Den Backofen auf 220 °C (Umluft 200 °C) vorheizen. Den Teig entrollen und mit dem Backpapier auf ein Backblech legen. Den Frischkäse mit Sahne verrühren, mit Salz und Pfeffer abschmecken. Die Petersilie unterrühren. Die Roten Beten raspeln. Die Zwiebeln schälen und in dünne Ringe schneiden. Zuerst den Frischkäse, dann die Roten Beten und die Zwiebeln auf dem Teig verteilen. Ca. 15 Minuten backen.

ROTE-BETE-RISOTTO

450 ml Gemüsebrühe, 3 Zwiebeln, 1 EL Olivenöl, 120 g Risottoreis, 100 ml Weißwein, 300 g gegarte Rote Beten, 2 EL Sahnequark, 30 g geriebener Parmesan, Salz, Pfeffer aus der Mühle, 2 EL Schnittlauchröllchen

So geh's: Die Brühe aufkochen und warm halten. Die Zwiebeln schälen, in kleine Würfel schneiden und in Öl glasig dünsten. Den Reis zugeben und 1 Minuten mitdünsten. Den Weißwein zugeben und einkochen lassen. 150 ml Brühe angießen, unter Rühren 20 Minuten bissfest garen, dabei nach und nach die restliche Brühe zugießen. Die Roten Beten klein würfeln und 5 Minuten vor Garende untermischen. Den Quark und den geriebenen Parmesan unterheben. Mit Salz und Pfeffer würzen. Mit Schnittlauch bestreuen.

WÜRZE AUF VORRAT

getrocknet, püriert & eingekocht

WAS BEIM GEMÜSEPUTZEN AN BRAUCHBAREN RESTEN ÜBRIG BLEIBT, LÄSST SICH GANZ PRIMA ZU WÜRZPULVER ODER -PASTE VERARBEITEN. UND AUS ÜBERREIFEN TOMATEN UND NICHT MEHR GANZ SO KNACKIGEN PAPRIKASCHOTEN WIRD EIN FEINES KETCHUP.

SUPPENGEWÜRZ

Für 50 g Würzpulver: 500 g Schnippelreste (Schalen, Blätter, Stiele, Strunk und Grün z. B. von Möhren, Lauch, Sellerie, Kohl, Petersilienwurzel, Zwiebel, Liebstöckel, Petersilie), 1 EL Salz

So geht's: Die Reste verlesen, waschen, abtropfen lassen und fein hacken. Auf Küchenpapier an einem sonnigen Ort (im Winter in Heizungsnähe) 2 Tage trocknen. Dann im Mixer mit Salz fein mahlen, falls nötig durch ein Sieb streichen.

Für die mediterrane Note: Reste von Paprika- und Chilischote, Tomaten, Knoblauch, Thymian, Rosmarin und Basilikum zugeben.

Hält sich: mehrere Monate im Schraubglas. Ideal zum Würzen von Brühen und Saucen.

WÜRZPASTE

Für 500 ml: 400 g Schnippelreste (Schalen, Blätter, Stiele, Strunk und Grün z. B. von Möhren, Lauch, Sellerie, Kohl, Petersilienwurzel, Tomaten, Petersilie und Liebstöckel), 80 g Meersalz

So geht's: Die Reste verlesen, waschen, abtropfen lassen und grob zerkleinern. Anschließend im Mixer mit Salz pürieren. Die Mischung in ein steriles Glas füllen und gut verschließen.

Für die asiatische Note: Reste von Paprika- und Chilischoten (auch die Kerne), Ingwer, Knoblauch, Zitronengras (die weichen, inneren Abschnitte), Schalen von Bio-Zitrone und Bio-Limette und Koriander zugeben.

Hält sich: im Kühlschrank mehrere Monate. Ideal zum Würzen von Brühen und Saucen.

TOMATENKETCHUP

Für 750 ml: 1 kg überreife Tomaten, 3 Zwiebeln, 3 Knoblauchzehen, 1 EL Öl, 1 getrocknete Chilischote, 1 TL Fenchelsamen, 5 Pimentkörner, 1 Lorbeerblatt, 1 Nelke, 1 TL gemahlener Koriander, Salz, Pfeffer aus der Mühle, 125 ml Rotweinessig, 150 g Zucker, 1 EL Tomatenmark

So geht's: Tomaten waschen, vom Stielansatz befreien und würfeln. Zwiebeln und Knoblauch schälen, würfeln, in Öl glasig dünsten. Chilischote hacken und mit den Tomaten zugeben. Fenchelsamen und Pimentkörner zerstoßen. Mit Lorbeerblatt und Nelke zugeben. Mit Koriander, Salz und Pfeffer würzen, 15 Minuten zugedeckt köcheln lassen. Essig und Zucker unterrühren, 15 Minuten offen köcheln lassen. Tomatenmark unterrühren. Die Masse pürieren, durch ein Sieb streichen, nochmals erhitzen. In sterile Flaschen füllen und verschließen.

Hält sich: im Kühlschrank mehrere Wochen.

PAPRIKAKETCHUP

Für 750 ml: 300 g Paprikaschoten, 300 g Äpfel, 150 g Knollensellerie, 3 Zwiebeln, 3 Knoblauchzehen, 3 EL Öl, 1 getrocknete Chilischote, Salz, Pfeffer aus der Mühle, 4 Pimentkörner, 4 Wacholderbeeren, 4 Nelken, 1 TL Kreuzkümmel, 2 TL Rosenpaprikapulver, 400 ml Fleischbrühe, 80 ml Rotweinessig

So geht's: Paprikaschoten putzen, waschen und in Stücke schneiden. Äpfel waschen, vierteln und entkernen. Sellerie schälen und in Stücke schneiden. Zwiebeln und Knoblauch schälen, würfeln und in Öl glasig dünsten. Chilischote fein hacken, mit Paprika-, Apfel- und Selleriestücken zugeben. Pimentkörner und Wacholderbeeren zerstoßen und mit Nelken, Kreuzkümmel und Paprikapulver zugeben. Fleischbrühe und Essig angießen. Mit Salz und Pfeffer würzen. Zugedeckt 45 Minuten köcheln lassen. Die Masse pürieren, durch ein Sieb streichen, nochmals erhitzen. In sterile Flaschen füllen und verschließen.

Hält sich: im Kühlschrank mehrere Wochen.

RESTLOS!

AUS 1 MACH 2

ROSENKOHL

herzhafter Genuss

DIE MINIKOHLKÖPFE SCHMECKEN NICHT NUR ALS OFENGEMÜSE MIT SPECK, SONDERN AUCH AM NÄCHSTEN TAG ALS SÄTTIGENDER SALAT.

ROSENKOHL MIT SPECK

1 kg Rosenkohl, Salz, 80 g Frühstücksspeck, 1 Bio-Zitrone, 4 Zweige Thymian, 2 EL Olivenöl, Pfeffer aus der Mühle, 40 g Parmesan am Stück

So geht's: Den Rosenkohl putzen, die Strünke etwas kürzen. Die Röschen waschen, längs halbieren und ca. 5 Minuten in kochendem Salzwasser blanchieren. Abgießen und in einem Sieb abtropfen lassen. Den Speck in feine Streifen schneiden. Die Zitrone heiß abwaschen, der Länge nach halbieren und in feine Scheiben schneiden. Thymianzweige waschen und trocken schütteln. Den Backofen auf 200 °C (Umluft 180 °C) vorheizen. Ein Backblech mit Olivenöl einpinseln, den Rosenkohl daraufgeben, mit Salz und Pfeffer würzen. Speckstreifen, Zitronenscheiben und Thymianzweige darauf verteilen. 20 Minuten backen, dabei zwischendurch wenden. Den Parmesan reiben. Den Rosenkohl aus dem Ofen nehmen. Die Hälfte davon mit Parmesan bestreut servieren. Den Rest abkühlen lassen und in einer Frischhaltebox im Kühlschrank aufbewahren. Dazu passen Stampfkartoffeln sehr gut.

ROSENKOHL-KARTOFFEL-SALAT

300 g Kartoffeln, 2 Schalotten, 1 EL Butter, 4 EL Weißweinessig, 150 ml Fleischbrühe, 1 EL grobkörniger Senf, Salz, Pfeffer aus der Mühle, 4 EL Öl, 500 g Rosenkohl

So geht's: Die Kartoffeln in der Schale gar kochen, danach pellen und vierteln. Die Schalotten schälen, in feine Würfel schneiden und in der Butter glasig dünsten. Mit Essig ablöschen und mit Brühe auffüllen. Den Fond etwas einkochen lassen. Den Senf einrühren, mit Salz und Pfeffer würzen. Die Marinade mit Öl verrühren und über die Kartoffeln geben. Den Rosenkohl dazugeben, gut durchmischen und 30 Minuten ziehen lassen. Den Salat noch lauwarm genießen.

SELLERIE-NUSS-RÖSTI

mit Äpfeln & Quark

GESTERN SUPPE GEKOCHT UND NICHT DIE GANZE KNOLLE SELLERIE VERBRAUCHT? AUS DEM REST KANN MAN LECKERE RÖSTI ZUBEREITEN.

Zutaten für 12 Stück

- 150 g Magerquark
- 3 Eier
- abgeriebene Schale und Saft von ½ Bio-Zitrone
- 125 ml Mineralwasser
- 2 TL Salz
- 2 TL Currypulver
- ½ TL geriebene Muskatnuss
- 75 g Hartkäsereste
- 150 g Mehl
- 400 g Knollensellerie
- 150 g Äpfel
- ½ Bund Schnittlauch
- 100 g gemahlene Haselnüsse
- 2 EL Pflanzenöl

Zeitbedarf

- 45 Minuten

So geht's

1. Für die Röstimasse den Quark und die Eier schaumig rühren. Zitronenschale und -saft zugeben. Das Mineralwasser unterrühren. Die Masse mit Salz, Curry und Muskat abschmecken. Den Käse reiben und mit der Röstimasse verrühren. Das Mehl unterheben.
2. Die Knollensellerie schälen, waschen und fein reiben. Die Äpfel waschen, schälen, entkernen, vierteln und ebenfalls fein reiben. Sellerie und Äpfel mit der Quarkmasse verrühren. Den Schnittlauch waschen und trocken schütteln, in Röllchen schneiden und unter die Masse rühren.
3. In einer beschichteten Pfanne das Öl erhitzen. Mit angefeuchteten Händen gleichmäßig große Bratlinge formen, in den Haselnüssen wenden und in das heiße Öl geben. Die Temperatur reduzieren und die Rösti bei mittlerer Hitze goldgelb braten. Vorsichtig wenden und auf der anderen Seite fertig braten.

Dazu passt eine Tomatensauce oder Kräuterquark und Salat.

DIE VARIANTE | PANIERTE SELLERIESCHEIBEN

400 g Knollensellerie, Salz, Pfeffer aus der Mühle, 2 EL Mehl, 1 Ei, 100 g Semmelbrösel, 2 EL Butterschmalz Knollensellerie schälen und in 1 cm dicke Scheiben schneiden. 5 Minuten in kochendem Salzwasser garen, herausnehmen und auf Küchenpapier abtropfen lassen. Mit Salz und Pfeffer würzen, zuerst in Mehl, dann in verquirltem Ei und zuletzt in Semmelbröseln wenden. Butterschmalz erhitzen und die Selleriescheiben auf jeder Seite 5 Minuten goldbraun braten. Dazu passt Salat und Kräuterquark.

RESTLOS!

QUARK

Den restlichen Quark aus dem Päckchen für einen Curry-Apfel-Dip verwenden: Quark mit 3 EL Mayonnaise und 1 kleinen geriebenen Apfel verrühren. Mit abgeriebener Schale und Saft der restlichen Zitrone, Salz, Pfeffer und Currypulver abschmecken. Restlichen Schnittlauch in Röllchen schneiden, unterrühren.

RESTLOS!

AUS 1 MACH 2

BLUMENKOHL

im Ofen geröstet

DOPPELTER GENUSS: AUS DEN WEISSEN RÖSCHEN LASSEN SICH EINE FEINE VEGETARISCHE PASTA UND EIN WÜRZIGES CURRY ZUBEREITEN.

BLUMENKOHL-BOLOGNESE

1 Kopf Blumenkohl (ca. 1 kg), 5 EL Olivenöl, 4 EL Sojasauce, Salz, Pfeffer aus der Mühle, 1 Zwiebel, 2 Knoblauchzehen, 1 Möhre, 30 g Knollensellerie, 1 Dose Tomaten (480 g Einwaage), 1 Lorbeerblatt, 1 TL getrockneter Thymian, 200 g Spaghetti, 30 g geriebener Parmesan

So geht's: Den Backofen auf 220 °C (Umluft 200 °C) vorheizen. Blumenkohl waschen und in Röschen teilen. Röschen mit Stielansatz reiben oder hacken (wie Hackfleisch). Auf ein mit Backpapier ausgelegtes Backblech geben, mit einer Mischung aus 3 EL Olivenöl, Sojasauce, Salz und Pfeffer beträufeln, 20 Minuten im Ofen rösten. Zwischendurch wenden. Danach eine Hälfte für das Curry beiseitestellen, im Kühlschrank aufbewahren. Für die Bolognese Zwiebel und Knoblauch schälen, in 2 EL Olivenöl glasig dünsten. Möhre und Sellerie waschen, schälen, raspeln, dazugeben und 5 Minuten dünsten. Tomaten und Lorbeerblatt zugeben. Mit Salz, Pfeffer und Thymian würzen. 30 Minuten bei schwacher Hitze köcheln lassen. Restlichen Blumenkohl unterrühren, weitere 15 Minuten einkochen lassen. Nudeln nach Packungsanweisung in Salzwasser garen. Mit Bolognese und Parmesan servieren.

BLUMENKOHL-CURRY

1 Zwiebel, 1 Knoblauchzehe, 1 EL Öl, 1 Chilischote, 1 TL Currypulver, 300 g rohe, gewürfelte Kartoffeln, 100 ml Gemüsebrühe, Rest Blumenkohl, 2 EL gehackte, geröstete Haselnüsse, 2 EL gehackte Petersilie, 150 g Joghurt, 10 g frischer gehackter Ingwer, Salz, Pfeffer aus der Mühle

So geht's: Zwiebel und Knoblauch schälen, würfeln und glasig dünsten. Die Chilischote hacken und zugeben. Currypulver darüberstäuben und kurz mitrösten. Die Kartoffelwürfel zugeben und 2 Minuten mitbraten. Mit Brühe ablöschen. Zugedeckt 15 Minuten garen. Den Blumenkohl unterrühren und mitbraten, bis die Flüssigkeit verdampft ist. Mit Nüssen und Petersilie bestreuen. Joghurt mit Ingwer, Salz und Pfeffer verrühren. Als Dip dazu reichen.

RESTLOS GUT | STRUNK & BLÄTTER **Diese Reste schmecken fein, wenn man sie in Butter weich dünstet und mit Salz und Muskat würzt. Dafür die äußeren Blätter grob zerkleinern und den Strunk in kleine Würfel schneiden.**

AUFSTRICHE & DIPS

aus Gemüse und Hülsenfrüchten

VON GEMÜSEBEILAGEN UND HÜLSENFRÜCHTEN BLEIBT OFT EIN KLEINER REST ÜBRIG. MIT ETWAS JOGHURT ODER FRISCHKÄSE LASSEN SICH DARAUS IM HANDUMDREHEN RAFFINIERTE DIPS ZUBEREITEN. IM KÜHLSCHRANK AUFBEWAHRT SIND SIE ETWA EINE WOCHE HALTBAR.

PIKANTE ROTKOHL-CREME

ca. 250 g klassisch zubereiteter Rotkohl, 4 EL Orangensaft, 2 EL Crème fraîche, Salz, Pfeffer aus der Mühle

So geht's: Den Rotkohl mit Orangensaft pürieren. Die Crème fraîche unterrühren. Mit Salz und Pfeffer abschmecken.

Passt gut zu: geräucherten Forellen- und Lachsfilets, zu kaltem Bratenaufschnitt.

MÖHREN-CURRY-DIP

ca. 250 g gedünstete Möhren, 2 EL Orangensaft, 2 EL Naturjoghurt, je 1 Msp. Kreuzkümmel, Kurkuma und Currypulver, Salz, Pfeffer aus der Mühle

So geht's: Die gedünsteten Möhren mit Orangensaft und Joghurt pürieren. Mit Kreuzkümmel, Kurkuma, Currypulver, Salz und Pfeffer abschmecken.

Passt gut zu: Geflügel, Gemüserösti, gebratenem Tofu und geröstetem Brot.

BROCCOLI-MANDEL-CREME

ca. 250 g gedünsteter Broccoli, 2 EL Frischkäse, 30 g gehackte Mandeln, Saft und abgeriebene Schale von ½ Bio-Zitrone, Salz, Pfeffer aus der Mühle

So geht's: Den Broccoli mit Frischkäse pürieren. Die Mandeln rösten und mit dem Püree mischen. Zitronensaft und -schale unterrühren. Mit Salz und Pfeffer abschmecken.

Passt gut zu: Baguette und Vollkornbrot.

KÜRBIS-CHILI-DIP

ca. 250 g gedünsteter Kürbis, 2 EL Frischkäse, 1 Knoblauchzehe, 1 Chilischote, Salz, Pfeffer aus der Mühle, nach Belieben 1 EL Kürbiskerne

So geht's: Den Kürbis mit Frischkäse pürieren. Den Knoblauch schälen. Knoblauch und Chilischote hacken und unterrühren. Mit Salz und Pfeffer würzen. Die Kürbiskerne rösten und über den Dip streuen.

Passt gut zu: Pellkartoffeln.

SCHARFER TOMATEN-DIP

ca. 250 ml selbst gekochte Tomatensauce, 1 EL Apfelessig, 1 EL Currypaste, 1 Knoblauchzehe, 1 Chilischote, ½ TL gemahlener Ingwer, Salz, Pfeffer aus der Mühle

So geht's: Die Tomatensauce mit Apfelessig und Currypaste verrühren. Die Knoblauchzehe schälen. Knoblauch und Chilischote hacken. Mit Ingwer, Salz und Pfeffer unterrühren.

Passt gut zu: gegrilltem Fleisch, Fondue, Gemüse und Baguette.

BOHNEN-FETA-AUFSTRICH

ca. 250 g zubereitete dicke Bohnen, 2 EL weißer Balsamico-Essig, 2 EL Crème fraîche, 100 g Fetakäse, 4 Zweige Thymian, Salz, Pfeffer aus der Mühle

So geht's: Die dicken Bohnen mit Essig und Crème fraîche pürieren. Fetakäse mit der Gabel zerdrücken und unterrühren. Thymianzweige waschen, trocken schütteln, Blättchen abzupfen und untermischen. Mit Salz und Pfeffer würzen.

Passt gut zu: Brot, besonders zu Weißbrot.

LINSEN-TOMATEN-AUFSTRICH

ca. 250 g gekochte Linsen, 50 g Ziegenfrischkäse, 2 Frühlingszwiebeln, 2 Tomaten, 2 TL Rapsöl, 2 EL weißer Balsamico-Essig, 4 Zweige Thymian, Salz, Pfeffer aus der Mühle

So geht's: Die Linsen mit dem Ziegenfrischkäse pürieren. Die Frühlingszwiebeln putzen, waschen und in feine Ringe schneiden. Die Tomaten waschen, halbieren, entkernen und fein würfeln. Zwiebeln, Tomaten, Öl und Essig unter das Püree rühren. Thymianzweige waschen, trocken schütteln, Blättchen abzupfen und untermischen. Mit Salz und Pfeffer abschmecken.

Passt gut zu: Brot, besonders zu Vollkornbrot.

ERBSEN-MINZE-CREME

ca. 250 gedünstete Erbsen, 2 EL Crème fraîche, Salz, Pfeffer aus der Mühle, 1 Zweig Minze, 1 EL Limettensaft

So geht's: Die Erbsen mit Crème fraîche pürieren und mit Salz und Pfeffer würzen. Die Minze waschen und trocken schütteln. Die Blättchen hacken und mit dem Limettensaft unter das Püree rühren.

Passt gut zu: Fisch und Meeresfrüchten.

KARTOFFELN

Reis & Nudeln

IMMER WIEDER KOCHT MAN DAVON EIN BISSCHEN ZU VIEL. GUT SO – DENN IM NEUEN OUTFIT ALS SUPPE, SALAT, MUFFIN, TORTILLA ODER RÖSTI KOMMEN DIE BEILAGENRESTE VOM VORTAG DANN NOCH MAL GANZ GROSS RAUS!

KARTOFFELSUPPE
mit Petersilienöl

AUS EINEM REST KARTOFFELPÜREE LÄSST SICH SCHNELL UND UNKOMPLIZIERT EIN SAMTIGES SÜPPCHEN MIT TOLLEN FARBTUPFERN ZAUBERN.

Zutaten für 2 Portionen

- ½ Bund Petersilie
- 3 EL Olivenöl
- Salz, Pfeffer aus der Mühle
- ca. 40 g altbackenes Weißbrot oder Brötchen
- Kräutersalz
- ca. 300 g Kartoffelpüree vom Vortag
- 250 ml Gemüsebrühe
- 4 EL Sahne

Zeitbedarf
- 30 Minuten

So geht's

1. Für das Petersilienöl die Petersilie waschen, trocken schütteln und grob zerkleinern. In einen hohen Rührbecher geben, 2 EL Öl zugeben und mit dem Stabmixer pürieren. Das Öl durch ein feines Sieb streichen und mit Salz und Pfeffer abschmecken.
2. Das Brot in kleine Würfelchen schneiden. In einer Pfanne das restliche Öl erhitzen. Die Brotwürfelchen zugeben und unter ständigem Rühren goldgelb rösten. Mit Kräutersalz würzen. Aus der Pfanne nehmen und auf Küchenpapier abtropfen lassen.
3. Das Kartoffelpüree mit der Gemüsebrühe erhitzen. Das Püree in der Flüssigkeit glatt rühren, bis eine cremige Suppe entsteht. Bei mittlerer Hitze unter ständigem Rühren langsam aufkochen. Anschließend die Sahne unterrühren. Mit Salz und Pfeffer abschmecken.
4. Die Suppe in vorgewärmte Suppenteller oder -tassen füllen und mit Petersilienöl beträufeln. Die Croûtons darüberstreuen.

SO SCHMECKT'S AUCH | STATT BROTWÜRFEL **alternativ jeweils 2 EL gebratene und gewürfelte Chorizo, Speck, Lyoner oder in Scheiben geschnittene Mettwurst in die Suppe geben. Auch lecker: 2 EL gebratene Pilze oder gedünstete Gemüsewürfelchen aus Resten. Oder 2 EL Tofuwürfel in 1 TL Öl knusprig braten, mit Pfeffer würzen, mit 1 EL Sojasauce ablöschen.**

PETERSILIE Die restliche Petersilie zum Garnieren verwenden: Die Zweige waschen, gründlich mit Küchenpapier trocken tupfen. In einer Pfanne in 2 EL Öl knusprig backen. Auf Küchenpapier abtropfen lassen und auf die Suppe legen.

DRESSING aus kleinem Rest Kartoffelpüree: 2 EL Püree mit 5 EL heißer Gemüsebrühe, 2 EL Olivenöl, 1 EL Essig, 1 TL Senf glatt rühren. Mit Salz und Pfeffer abschmecken, evtl. 1 EL gehackte Kräuter zugeben. Passt besonders gut zu Feldsalat, aber auch zu anderen Blattsalaten.

RESTLOS!

KARTOFFELN

Verarbeitet man die geschälten Kartoffeln nicht gleich weiter, kann man sie 1 – 2 Tage aufbewahren, wenn man sie mit Wasser bedeckt in den Kühlschrank stellt. Für Salzkartoffeln oder Kartoffelpüree verwenden.

KARTOFFELSCHALEN

mit Rosmarinsalz

HIER LANDEN SIE MAL NICHT IM ABFALL, SONDERN IN OLIVENÖL – FRITTIERT EINE PRIMA ALTERNATIVE ZU ÜBLICHEN KARTOFFELCHIPS.

Zutaten für 2 Portionen

- Schalen von 700 g Kartoffeln (ergibt ca. 250 g Schalen)
- Olivenöl
- Fleur de Sel
- 2 Zweige Rosmarin

Zeitbedarf

- 20 Minuten

So geht's

1. Die Kartoffeln gut waschen und mit der Gemüsebürste unter fließendem Wasser sauber abbürsten.
2. Anschließend die Kartoffeln schälen. Dabei grüne und beschädigte Stellen sowie Keimansätze entfernen. Die Schalen auf Küchenpapier ausbreiten und gründlich trocken tupfen, damit das Öl beim Frittieren nicht spritzt.
3. Die Rosmarinzweige waschen und trocken schütteln. Die Nadeln von den Zweigen abstreifen und fein hacken.
4. Das Olivenöl ca. 2 cm hoch in einer Pfanne erhitzen. Die Kartoffelschalen portionsweise hineingeben, sie sollten mit Öl bedeckt sein. Die Schalen etwa 8 Minuten backen. Wenn sie schön kross und goldgelb sind, mit einer Schaumkelle herausnehmen und auf Küchenpapier abtropfen lassen. In eine Schüssel geben und mit Fleur de Sel und Rosmarin mischen.

Den Snack am besten heiß genießen, dann sind die Schalen noch schön knusprig.

SO SCHMECKT'S AUCH | GEWÜRZVARIANTEN **Die Kartoffelschalen können statt mit Rosmarin und Fleur de Sel mit verschiedenen Zutaten gewürzt werden:**

Indisch: Mit je ½ – 1 TL Currypulver, Kreuzkümmelpulver, Paprikapulver, Salz, Pfeffer aus der Mühle.

Orientalisch: Mit je ½ – 1 TL Ingwerpulver, Korianderpulver, Chiliflocken, Salz, Pfeffer aus der Mühle.

Marokkanisch: Mit 1 – 2 TL Ras el Hanout (arabische Gewürzmischung), Salz, Pfeffer aus der Mühle.

BAUERN-OMELETT

mit Speck

EIN KLASSIKER FÜR GEKOCHTE KARTOFFELN VOM VORTAG: MIT SPECKWÜRFELN ODER GEMÜSERESTEN VARIIERT EIN HERZHAFTER GENUSS.

Zutaten für 2 Portionen

- ca. 400 g gekochte Kartoffeln vom Vortag
- 1 Zwiebel
- 50 g durchwachsener Speck
- 1 EL Öl
- 4 Eier
- 4 EL Milch
- Salz, Pfeffer aus der Mühle
- ½ TL edelsüßes Paprikapulver
- ½ TL geriebene Muskatnuss
- ½ Bund Schnittlauch

Zeitbedarf
- 30 Minuten

So geht's

1. Die Kartoffeln in Scheiben schneiden. Die Zwiebel schälen und würfeln. Den Speck ebenfalls würfeln.
2. Den Speck in einer großen Pfanne knusprig braten. Das Öl zugeben und die Zwiebeln darin glasig dünsten. Die Kartoffelscheiben zufügen, darauf achten, dass sie möglichst nicht übereinanderliegen. 5 Minuten auf einer Seite braun anbraten, vorsichtig wenden, auf der anderen Seite 5 Minuten weiterbraten.
3. In einem Rührbecher die Eier aufschlagen und mit der Milch verquirlen. Mit Salz, Pfeffer, Paprikapulver und Muskat würzen. Schnittlauch waschen, trocken schütteln, in Röllchen schneiden und zugeben. Die Eiermilch über die Kartoffeln gießen und zugedeckt bei kleiner Hitze stocken lassen.
4. Das Omelett mithilfe eines Pfannenwenders vorsichtig aus der Pfanne auf einen großen Teller gleiten lassen und in Stücke teilen.

Dazu passt grüner Salat.

SO SCHMECKT'S AUCH | MIT GEMÜSE, KRÄUTERN, TOFU **100 g Gemüsereste klein schneiden und mit den Zwiebelwürfeln 5 Minuten dünsten. Oder 1 Bund Kräuterreste klein schneiden, die Hälfte davon in die Eiermilch geben. Eiermilch über die gebratenen Kartoffeln gießen und zugedeckt stocken lassen. Zum Servieren die restlichen Kräuter über das Omelett streuen. Auch gut: 50 g geriebene Käsereste am Schluss über die Kartoffeln geben und zugedeckt schmelzen lassen. Wer mag, ersetzt den Speck durch Tofu: 100 g gewürfelten Tofu kräftig in Öl anbraten und mit 1 EL Sojasauce ablöschen. Zwiebeln und Kartoffeln zugeben, mit Eiermilch übergießen und stocken lassen.**

CRASHED POTATOES

mit Joghurt-Dip

KARTOFFELN MIT KNAUTSCHZONE: SCHMECKEN MIT OLIVENÖL UND FEIN GEWÜRZT ALS TOLLE BEILAGE ODER AUCH SOLO MIT EINEM DIP.

Zutaten für 2 Portionen

- 1 TL Kreuzkümmelsamen
- 1 TL Fenchelsaat
- 1 TL Korianderkörner
- 6 schwarze Pfefferkörner
- 1 TL Paprikapulver
- 1 Prise Cayennepfeffer, Salz
- 500 g möglichst große Pellkartoffeln vom Vortag
- 8 EL Olivenöl
- 1 Knoblauchzehe
- 250 g Joghurt
- Pfeffer aus der Mühle

Zeitbedarf
- 25 Minuten
- ca. 25 Minuten backen

So geht's

1. Kreuzkümmelsamen, Fenchelsaat, Koriander- und Pfefferkörner mischen und im Mörser grob zerstoßen. Paprikapulver, Cayennepfeffer und ½ TL Salz unterrühren.
2. Den Backofen auf 220 °C (Umluft 200 °C) vorheizen. Ein Backblech mit Backpapier auslegen.
3. Die Kartoffeln mit Schale auf das Backblech legen. Jede einzeln mit dem Kartoffelstampfer oder mit der Handfläche vorsichtig bis zur Hälfte flach drücken. Dabei sollten die Kartoffeln nicht auseinanderfallen. Die Gewürzmischung mit Öl verrühren und auf die Kartoffeln streichen.
4. Die Kartoffeln auf der oberen Schiene ca. 25 Minuten goldbraun backen. 5 Minuten vor Ende der Garzeit den Backofengrill einschalten. Falls die Kartoffeln zu trocken sein sollten, kurz vor dem Servieren noch einmal mit etwas gutem Olivenöl beträufeln.
5. Für den Dip die Knoblauchzehe schälen, fein hacken und unter den Joghurt rühren. Mit Salz und Pfeffer würzen.

Dazu passt grüner Salat.

SO SCHMECKT'S AUCH | MIT MEERSALZ UND ROSMARIN **Die Oberfläche der flach gedrückten Kartoffeln großzügig mit gutem Olivenöl einpinseln und mit grobem Salz und Pfeffer würzen. 2 Rosmarinzweige waschen und trocken schütteln. Die Nadeln abstreifen, grob hacken und über die Kartoffeln streuen. Im Ofen 25 Minuten backen. Vor dem Servieren noch einmal mit gutem Olivenöl einpinseln. Die Kartoffeln passen gut zu Salat, Gemüse oder zu kurz gebratenem Fleisch und Fisch.**

KARTOFFELKUCHEN
mit Schnittlauch-Dip

UNKOMPLIZIERT & LECKER: KARTOFFELN VOM VORTAG EINFACH REIBEN, IM OFEN BACKEN UND MIT EINER FRISCHEN KRÄUTERCREME GENIESSEN.

Zutaten für 2 Portionen

- 1 Zwiebel
- 2 EL Butter
- ca. 400 g gekochte Kartoffeln vom Vortag
- 1 TL getrockneter Majoran
- 1 TL getrockneter Thymian
- Salz, schwarzer Pfeffer aus der Mühle
- 1 EL Olivenöl
- 125 g Crème fraîche
- 125 g Magerquark
- 1 Spritzer Zitronensaft
- ½ Bund Schnittlauch

Zeitbedarf
- 25 Minuten
- 20 Minuten backen

So geht's

1. Den Backofen auf 180 °C (160 °C Umluft) vorheizen. Die Zwiebel schälen, würfeln und in 1 EL Butter glasig dünsten. Die Kartoffeln auf der Küchenreibe grob reiben und anschließend mit den Zwiebeln mischen. Mit Majoran und Thymian würzen. Die Masse mit Salz und Pfeffer abschmecken.
2. In einer ofenfesten Pfanne die restliche Butter mit dem Olivenöl erhitzen. Die Kartoffelmasse gleichmäßig darin verteilen, mit dem Pfannenwender fest andrücken und bei mittlerer Hitze kurz anbraten. Auf der mittleren Schiene im Backofen etwa 20 Minuten goldbraun backen.
3. Die Crème fraîche mit Quark verrühren und mit Salz, Pfeffer und Zitronensaft abschmecken. Den Schnittlauch waschen, trocken schütteln und in Röllchen schneiden. Unter die Creme rühren.
4. Den Kartoffelkuchen vorsichtig aus der Pfanne nehmen, in Stücke teilen und mit dem Schnittlauch-Dip anrichten.

SO SCHMECKT'S AUCH | MIT FISCH **Als besonders feine Variante kann man den Kartoffelkuchen auch mit Matjes und Dillcreme oder mit Räucherlachs und einer Meerrettichcreme servieren. Den Dip dann einfach statt mit Schnittlauch entweder mit 2 EL gehacktem Dill oder mit 1 EL Sahnemeerrettich abschmecken.**

RESTLOS!

QUARK & CRÉME FRAÎCHE

Die Reste aus den Packungen mit 1 TL Honig, 1 TL Dill und 1 EL Orangensaft verrühren. Mit Salz und Pfeffer abschmecken. Gut als Brotaufstrich oder als Dip zu Gemüse und Fisch. Alternativ gleich die doppelte Menge Schnittlauchcreme zubereiten und den Rest als Dip oder Aufstrich verwenden.

KARTOFFEL-TÖRTCHEN
mit Erbsen und Schinken

AUS KARTOFFELRESTEN VOM VORTAG WIRD, KOMBINIERT MIT DEM, WAS DER KÜHLSCHRANK SONST NOCH SO BIETET, FEINSTES FINGERFOOD.

Zutaten für 8 Stück

- 50 g TK-Erbsen
- 1 TL Butter
- 4 Scheiben luftgetrockneter Schinken
- ca. 250 g Kartoffeln vom Vortag
- 180 g Frischkäse
- 3 EL Milch
- 1 Ei
- 1 Handvoll gemischte Gartenkräuter
- Salz, Pfeffer aus der Mühle
- 2 Frühlingszwiebeln

besonderes Werkzeug
- 1 Muffinform oder 8 Soufflé-Förmchen

Zeitbedarf
- 30 Minuten
- 30 Minuten backen

So geht's

1. Die Erbsen auftauen. Die Mulden einer Muffinform oder die Soufflé-Förmchen mit etwas Butter einfetten. Den Backofen auf 180 °C (Umluft 160 °C) vorheizen. Den Schinken längs halbieren. Die Mulden oder Förmchen mit den Schinkenstreifen rundherum auslegen. Die Kartoffeln in Scheiben schneiden.
2. Den Frischkäse mit Milch und Ei cremig rühren. Die Kräuter waschen, trocken schütteln, klein schneiden und unterrühren. Die Masse mit Salz und Pfeffer abschmecken. Die Frühlingszwiebeln putzen, waschen und in dünne Röllchen schneiden. Die Kartoffelscheiben mit den Frühlingszwiebeln und den Erbsen mischen.
3. Die Frischkäsecreme vorsichtig mit den Kartoffelscheiben, Frühlingszwiebeln und Erbsen verrühren. Die Masse in die Mulden der Muffinform oder in die Soufflé-Förmchen geben und 30 Minuten auf der mittleren Schiene im Ofen backen. Anschließend die Törtchen vorsichtig aus der Form lösen und noch warm servieren.

SO SCHMECKT'S AUCH | GEMÜSE **Anstatt mit Frühlingszwiebeln und Erbsen kann man die Törtchen auch mit anderen Gemüsesorten zubereiten: z. B. mit 100 g gewürfelten Zucchini, Lauchringen, Paprikawürfelchen, klein geschnittenem Broccoli oder gebratenen Pilzen und frisch gehackten Kräutern. Anstelle von luftgetrocknetem kann man auch geräucherten oder gekochten Schinken verwenden oder Frühstücksspeck.**

KARTOFFEL-SCONES

mit Käse und Speck

IN GROSSBRITANNIEN TRADITIONELL IN SÜSSER FORM ZUM AFTERNOON TEA GEREICHT, HIER MAL ALS HERZHAFTE VARIANTE MIT KARTOFFELPÜREE.

Zutaten für 10 Stück

- 50 g Frühstücksspeck
- 50 g Hartkäsereste
- 150 g Mehl
- 2 TL Backpulver
- ½ TL Salz
- 125 g Kartoffelpüree vom Vortag
- 1 TL getrockneter Oregano
- 50 g Butter
- ca. 2 EL Milch
- 1 Eigelb
- evtl. etwas Butter zum Bestreichen

Zeitbedarf

- 45 Minuten
- ca. 10 Minuten backen

So geht's

1. Den Speck in kleine Würfelchen schneiden und in einer Pfanne ohne Fett knusprig braten. Anschließend auf Küchenkrepp abtropfen lassen.
2. Die Käsereste reiben. Das Mehl in eine Schüssel sieben und mit Backpulver und Salz mischen. Kartoffelpüree, Käse, Speck und Oregano zugeben und alles gut vermengen. Die Butter in kleinen Stückchen unterkneten, bis der Teig bröselig wird. So viel Milch unterrühren, dass ein elastischer Teig entsteht.
3. Den Teig auf einer bemehlten Arbeitsfläche ca. 1,5 cm dick ausrollen. Mit einem Glas Kreise von 6 cm Ø ausstechen. Die Teigreste nochmals verkneten und ausstechen, sodass man insgesamt etwa 10 Kreise erhält.
4. Den Backofen auf 220 °C (Umluft 200 °C) vorheizen. Die Scones auf ein gefettetes oder mit Backpapier ausgelegtes Blech setzen. Das Eigelb verquirlen, die Scones damit bestreichen und ca. 15 Minuten backen, bis sie gut aufgegangen und goldbraun sind. Noch warm servieren. Besonders saftig schmecken sie, wenn man sie nach dem Backen mit Butter bestreicht.

Dazu schmeckt ein Dip aus Frischkäse und frischen Kräutern, mit Salz und Pfeffer abgeschmeckt.

BRATKARTOFFELSALAT
mit Radieschenblättern

EINE GUTE GELEGENHEIT, GEKOCHTE KARTOFFELN ZU VERWERTEN: BRATEN UND NOCH WARM MIT OLIVENÖL UND BALSAMICO-ESSIG GENIESSEN.

Zutaten für 2 Portionen

- ca. 400 g gekochte Kartoffeln vom Vortag
- 1 EL Butterschmalz
- Salz
- schwarzer Pfeffer aus der Mühle
- 3 Frühlingszwiebeln
- 100 ml Rinderbrühe
- 4 EL Rapsöl
- 2 EL weißer Balsamico-Essig
- 1 EL Senf
- ½ Bund Radieschen mit Grün

Zeitbedarf

- 30 Minuten

So geht's

1. Die Kartoffeln in Scheiben schneiden. Butterschmalz erhitzen und die Kartoffelscheiben zugeben. Mit Salz und Pfeffer würzen, goldbraun braten. Zwischendurch wenden.
2. Die Frühlingszwiebeln putzen, waschen und in dünne Ringe schneiden. Die Rinderbrühe in einem kleinen Topf erhitzen. Das Öl mit Essig und Senf verrühren, mit Salz und Pfeffer würzen. Die Bratkartoffeln vom Herd nehmen und mit den Frühlingszwiebeln mischen. Mit Brühe übergießen. Die Vinaigrette zugeben. Vorsichtig mischen, damit die Kartoffeln nicht auseinanderfallen.
3. Von den Radieschen die Blätter abdrehen, waschen und trocken schütteln. Welke Blätter entfernen, den Rest in feine Streifen schneiden. Die Radieschen putzen, waschen und in Scheiben schneiden. Mit den Blättern unter den Salat heben. Zugedeckt 30 Minuten ziehen lassen. Noch lauwarm genießen.

DIE VARIANTE | MEDITERRANER KARTOFFELSALAT

400 g gekochte Kartoffeln, 1 Zwiebel, 1 getrocknete Chilischote, 5 EL Olivenöl, 100 ml heiße Gemüsebrühe, 2 EL Weißweinessig, Salz, Pfeffer aus der Mühle, 1 Prise Zucker, 10 Oliven, 8 getrocknete Tomaten, 10 g geröstete Pinienkerne, 2 EL Basilikumblättchen Kartoffeln in Scheiben schneiden. Die Zwiebel schälen und würfeln, die Chilischote hacken. Beides in 1 EL Öl dünsten, die Brühe angießen, vom Herd nehmen. 4 EL Öl mit Essig, Salz, Pfeffer und 1 Prise Zucker mischen und unterrühren. Den heißen Sud über die Kartoffeln geben. Mit Oliven, Tomaten, Pinienkernen und Basilikum mischen.

Die restlichen Frühlingszwiebeln aus dem angefangenen Bund in feine Ringe schneiden. Restliche Radieschen in Scheiben schneiden, Radieschengrün hacken. Mit 250 g Quark und 2 EL Sahne oder Milch vermischen. Mit Salz und Pfeffer abschmecken. Als Brotaufstrich oder Füllung für gebackene Kartoffel verwenden.

RESTLOS!

FRÜHLINGSZWIEBELN

Werden meist bundweise angeboten und so bleibt oft was übrig. Reste einfach in dünne Ringe schneiden und in einer Plastikbox einfrieren. Bei Bedarf in gefrorenem Zustand weiterverwenden. Nicht vorher auftauen, sonst werden die Zwiebelringe zäh und lederig.

KARTOFFEL-RÖSTI

mit Chorizo und Käse

DIE KÜCHLEIN BASIEREN AUF EINEM REZEPT, DAS AUS MEXIKO STAMMT UND MIT QUESO FRESCO, EINEM FRISCHKÄSE, ZUBEREITET WIRD.

Zutaten für 6 kleine Küchlein

- 300 g gekochte Kartoffeln oder Kartoffelpüree
- 50 g Chorizo (spanische Paprikawurst; alternativ: würzige Salami)
- 1 Knoblauchzehe
- 3 Frühlingszwiebeln
- 100 g Frischkäse
- 1 Ei
- Salz, Pfeffer aus der Mühle
- 2 EL Olivenöl
- 3 EL Semmelbrösel (siehe Seite 90)

Zeitbedarf

- 40 Minuten

So geht's

1. Die Kartoffeln durch eine Kartoffelpresse drücken. Die Chorizo in feine Würfelchen schneiden und in einer Pfanne ohne Zugabe von Fett bei mittlerer Hitze braten, damit das Fett austritt. Die Wurst auf Küchenkrepp abtropfen lassen.
2. Den Knoblauch schälen und fein hacken. Die Frühlingszwiebeln putzen, waschen und klein schneiden. Den Frischkäse mit der Chorizo, dem Knoblauch und den Frühlingszwiebeln mischen und unter die durchgepressten Kartoffeln oder das Kartoffelpüree rühren. Das Ei verquirlen und unter die Masse heben. Mit Salz und Pfeffer würzen.
3. Das Öl in einer Pfanne erhitzen. Aus dem Teig mit angefeuchteten Händen flache Küchlein formen und in Semmelbröseln wenden. Die Brösel leicht andrücken. Das Öl in einer Pfanne erhitzen und die Küchlein darin bei mittlerer Hitze auf jeder Seite etwa 5 Minuten goldbraun ausbacken. Auf Küchenkrepp abtropfen lassen.

Dazu passt grüner Salat.

SO SCHMECKT'S AUCH | VEGETARISCHE VARIANTE **Dafür die Chorizo durch 50 g Pilze oder Gemüse ersetzen, die man in kleine Würfel schneidet und kurz in Öl dünstet. Oder durch Tofu: 50 g Tofu würfeln, kräftig in Olivenöl anbraten und mit Salz, Pfeffer, Kreuzkümmel- und Paprikapulver abschmecken.**

REIS-CURRY-SUPPE
mit Apfelchips

SCHNELL GEMACHT UND WOHLSCHMECKEND: EIN CREMIGES SÜPPCHEN MIT FEINER APFELNOTE, DAS MIT EINEM REST REIS ZUBEREITET WIRD.

Zutaten für 2 Portionen

- 1 Zwiebel
- 1 Knoblauchzehe
- 3 EL Öl
- 1 säuerlicher Apfel
- ca. 200 g gekochter Reis
- 1 EL Currypulver
- 3 EL Weißwein
- 600 ml Gemüsebrühe
- 2 EL Crème fraîche
- Salz, Pfeffer aus der Mühle
- 2 EL Mandelblättchen

Zeitbedarf
• 25 Minuten

So geht's

1. Die Zwiebel und den Knoblauch schälen und in 1 EL Öl glasig dünsten. Den Apfel waschen, schälen, vierteln und entkernen. Die Schalen beiseitelegen. Die Viertel in kleine Stücke schneiden, zugeben und 3 Minuten mitschmoren.
2. Den Reis zugeben und unterrühren. Mit Currypulver bestäuben und unter ständigem Rühren kurz mitdünsten. Mit Weißwein ablöschen und mit Brühe aufgießen. Langsam aufkochen und bei mittlerer Hitze 5 Minuten köcheln lassen.
3. Die Suppe mit dem Stabmixer pürieren und noch einmal erhitzen. 1 EL Crème fraîche unterrühren und mit Salz und Pfeffer abschmecken. Die Mandelblättchen in einer Pfanne ohne Fett rösten.
4. Von den Apfelschalen schöne, ca. 4–5 cm lange Abschnitte aussuchen. 2 EL Öl erhitzen. Die Schalen darin knusprig backen und auf Küchenpapier abtropfen lassen. Die Suppe in tiefe Teller oder Tassen füllen. Mit 1 Klecks Crème fraîche, Apfel-Chips und Mandelblättchen dekorieren.

SO SCHMECKT'S AUCH | MIT EINLAGE **Wer Reste von gebratenem oder gekochtem Huhn im Kühlschrank hat, kann sie gut als Einlage für die Suppe verwenden. Oder 100 g frisches Hähnchenbrustfilet in kleine Würfel schneiden, in 1 EL Öl braten, mit Salz und Pfeffer abschmecken und vor dem Servieren in die Suppe geben.**

GEFÜLLTE TOMATEN
mit Reis

RESTE VON GEKOCHTEM REIS SIND DIE IDEALE GRUNDLAGE, UM FÜLLUNGEN FÜR DIE VERSCHIEDENSTEN GEMÜSESORTEN ZUZUBEREITEN.

Zutaten für 2 Portionen

- 1 Zwiebel
- 1 Knoblauchzehe
- 3–4 EL Olivenöl
- ca. 300 g gekochter Reis
- 30 g Pinienkerne
- 80 g Hartkäsereste
- Salz, Pfeffer aus der Mühle
- 1 Zweig Rosmarin
- 4 große Tomaten
- 100 ml heiße Gemüsebrühe
- 1 TL getrocknete Kräuter der Provence

Zeitbedarf
- 35 Minuten
- 45 Minuten backen

So geht's

1. Die Zwiebel und den Knoblauch schälen, würfeln und in 1 EL Öl glasig dünsten. Den Reis unterrühren und vom Herd nehmen.
2. Die Pinienkerne in einer Pfanne ohne Fett rösten. Den Käse reiben und mit den Pinienkernen unter den Reis rühren. Mit Salz und Pfeffer würzen. Den Rosmarinzweig waschen und trocken schütteln. Die Nadeln abstreifen, hacken und unter den Reis rühren.
3. Den Ofen auf 200 °C (180 °C Umluft) vorheizen. Die Tomaten waschen. Die Deckel abschneiden und aufheben. Die Tomaten vorsichtig mit einem Löffel aushöhlen. Das Fruchtfleisch mit dem restlichen Öl und der Gemüsebrühe mischen. Mit Salz, Pfeffer und Kräutern der Provence würzen.
4. Die Tomatensauce in eine ofenfeste Form geben. Die Tomaten mit der Reismasse füllen. Die Deckel darauflegen. Die Tomaten in die Form setzen und ca. 45 Minuten im Ofen backen.

SO SCHMECKT'S AUCH | GEMÜSESORTEN **Anstatt Tomaten kann man auch Zucchini, Auberginen oder Paprika füllen und eine schnelle Tomatensauce dazu kochen, damit das gefüllte Gemüse in der Form nicht zu trocken wird. Dafür 1 Zwiebel und 1 Knoblauchzehe schälen, hacken und in Öl andünsten, mit 200 ml Tomaten aus der Dose (oder sehr reifen frischen Tomaten) und 100 ml Gemüsebrühe auffüllen, mit Salz, Pfeffer und 1 TL getrockneten Kräutern (Thymian, Oregano) abschmecken.**

REISBÄLLCHEN

aus der Tortilla-Tüte

AUS REIS- ODER RISOTTORESTEN LASSEN SICH KNUSPRIGE BÄLLCHEN ZUBEREITEN – MIT EINEM SALAT EIN KÖSTLICHER KLEINER SNACK.

Zutaten für 2 Portionen

- 1 Zwiebel
- 3 EL Öl
- 300 g gekochter Reis
- Salz
- schwarzer Pfeffer aus der Mühle
- 1 TL Garam Masala (oder etwas gemahlener Koriander, Kreuzkümmel, Zimt und Chili)
- 2 EL Mehl
- 1 Ei
- ½ Bund Minze
- 150 g Naturjoghurt
- 1 Spritzer Zitronensaft
- 1 Handvoll Salatblätter
- 2 Weizen-Tortillas

besonderes Werkzeug

- 1 Muffinform oder 2 Soufflé-Förmchen

Zeitbedarf

- 40 Minuten

So geht's

1. Die Zwiebel schälen, fein hacken und in 1 EL Öl glasig dünsten. Mit dem Reis mischen. Mit Salz, Pfeffer und Garam Masala würzen. Die Masse mit Mehl und Ei binden.
2. Die Minze waschen, trocken schütteln und klein schneiden. Mit Joghurt verrühren und mit Salz, Pfeffer und Zitronensaft abschmecken.
3. Den Backofen auf 180 °C (Umluft 160 °C) vorheizen. In einer beschichteten Pfanne das restliche Öl erhitzen. Aus der Masse mit angefeuchteten Händen kleine Bällchen formen und im restlichen Öl goldgelb braten. Auf Küchenpapier abtropfen lassen.
4. Die Tortillas in der Mitte falten, zu einer Spitztüte formen und jeweils in eine Mulde einer Muffinform oder eines Soufflé-Förmchens drücken. Im Ofen 10 Minuten rösten. Den Salat putzen, waschen, und klein schneiden. Die Tortillas mit dem Salat füllen und auf einen Teller legen. Die Reiskugeln hineinlegen und mit dem Dip anrichten.

SO SCHMECKT'S AUCH | ARANCINI **Aus einem Rest Risotto (ca. 300 g) lassen sich diese italienischen gefüllten Knusperbällchen ganz einfach zubereiten. Risotto mit einem Stück Käse (Mozzarella, Gorgonzola) zu kleinen Kugeln formen und panieren (zuerst in Mehl, dann in verquirltem Ei und zum Schluss in Semmelbröseln wenden). Die Arancini in heißem Fett goldgelb ausbacken.**

RESTLOS!

MINZE

Die restlichen Minzeblätter für Limonade verwenden: Die Minze hacken, in Eiswürfelbehälter geben, mit Wasser auffüllen und tiefgefrieren. Geeiste Glaskaraffe oder Gläser mit eiskaltem Mineralwasser, Limettenscheiben und Minze-Eiswürfeln füllen.

REISSALAT

mit Thunfisch und Orange

EIN BEISPIEL FÜR IDEALE ZWEITVERWERTUNG: DER FRUCHTIG-SÜSSE SALAT IST SCHNELL ZUBEREITET UND AUCH FÜR DIE LUNCHBOX GEEIGNET.

Zutaten für 2 Portionen

- 1 rote Paprikaschote
- 1 kleine Stange Lauch
- 1 Orange (oder 200 g gewürfelte Mango, Pfirsich, Melone oder Birne)
- ca. 200 gekochter Reis
- 1 Dose Thunfisch
- 2 EL Rapsöl
- 2 EL Weißweinessig
- 50 ml süß-saure Chilisauce
- Salz, Pfeffer aus der Mühle
- ½ Bund frischer Koriander

Zeitbedarf
• 20 Minuten

So geht's

1. Die Paprikaschote putzen, waschen, vierteln und in feine Streifen schneiden. Den Lauch putzen, waschen, den unteren weißen Teil in feine Ringe schneiden.
2. Mit einem scharfen Messer die Orange so schälen, dass die weiße Haut vollständig entfernt wird. Die Orange in Spalten teilen und klein schneiden.
3. Paprikastreifen, Lauchringe und Orangenstückchen vorsichtig mit dem Reis mischen. Den Thunfisch abgießen und in einem Sieb abtropfen lassen. Die Filets zerpflücken und unter die Reismasse heben.
4. Für die Salatsauce Öl mit Essig und Chilisauce mischen. Mit Salz und Pfeffer würzen und unter den Salat rühren. Den Koriander waschen und trocken schütteln. Die Blättchen abzupfen und über den Salat streuen.

DIE VARIANTE | REIS-THUNFISCH-WRAP

2 Weizen-Tortillas, 100 g Reis, 1 Dose Thunfisch, 1 rote Paprikaschote, 1 kleine Stange Lauch, 2 EL Mayonnaise, 2 EL Joghurt, 1 EL Orangensaft, Salz, Pfeffer aus der Mühle Die Weizen-Tortillas nach Packungsanweisung aufbacken. Reis mit abgetropftem Thunfisch, klein gewürfelter Paprikaschote und Lauchringen mischen. Mayonnaise mit Joghurt und Orangensaft verrühren, mit dem Reis mischen. Mit Salz und Pfeffer abschmecken. Die Reismasse auf 2 aufgebackene Weizen-Tortillas geben. Aufrollen und das untere Drittel in Folie oder Butterbrotpapier wickeln.

REISKÜCHLEIN
mit Käse überbacken

FÜR DIE VEGETARISCHEN LECKERBISSEN AUS ÜBRIG GEBLIEBENEM REIS WERDEN AUCH GLEICH GEMÜSE- UND KÄSERESTE MITVERARBEITET.

Zutaten für 2 Portionen

- ca. 300 g gekochter Reis
- Salz, Pfeffer aus der Mühle
- 1 TL edelsüßes Paprikapulver
- ½ TL geriebene Muskatnuss
- 1 TL Senf
- 1 Bund Petersilie
- 100 g Gemüsereste (z. B. Möhren, Zucchini, Sellerie)
- 1 Ei
- 2–4 EL Mehl
- 100 g Hart- oder Weichkäsereste
- 2 Tomaten
- 2 EL Öl

Zeitbedarf
- 35 Minuten

So geht's

1. Den Reis kräftig mit Salz und Pfeffer würzen. Paprikapulver, Muskat und Senf unterrühren. Die Petersilie waschen und trocken schütteln. Einige Blättchen zur Seite legen, den Rest fein hacken und mit der Reismasse mischen.
2. Das Gemüse putzen, waschen und sehr fein reiben. Die Reismasse mit dem Gemüse mischen. Abschmecken und eventuell noch einmal mit Salz und Pfeffer nachwürzen. Die Masse mit Ei und Mehl binden.
3. Die Käsereste in dünne Scheiben schneiden. Die Tomaten waschen, vom Stielansatz befreien und in Scheiben schneiden.
4. In einer beschichteten Pfanne das Öl erhitzen. Je Küchlein 2 EL Reismasse in das heiße Öl geben und mit dem Pfannenwender flach drücken. Bei mittlerer Hitze ca. 3 Minuten braten. Vorsichtig wenden, weiterbraten und mit den Tomaten- und Käsescheiben belegen. Zugedeckt den Käse schmelzen lassen. Aus der Pfanne nehmen und mit Petersilienblättchen garnieren.

Dazu schmeckt Blattsalat.

SO SCHMECKT'S AUCH | OHNE KÄSE **Die Küchlein schmecken auch ohne geschmolzenen Käsebelag gut. Dann eventuell mit einem Joghurt-Dip oder mit Kräuterquark servieren.**

RESTLOS!

GEMÜSE

Schnippelreste, die beim Gemüseputzen anfallen, können für Suppengewürz oder -paste (siehe Seite 36) verwendet werden. Auch die Kerne von Paprikaschoten eignen sich hierfür, sie geben dem Würzmittel eine pikante Note.

BRATREIS
mit Gemüse

SCHNELLE KÜCHE MIT EXOTISCHEN AROMEN: REIS- UND GEMÜSERESTE IM WOK ODER IN DER PFANNE GAREN UND WÜRZIG ABSCHMECKEN.

Zutaten für 2 Portionen

- 50 g Cashewkerne oder Mandeln
- ca. 400 g Gemüsereste (z. B. Frühlingszwiebeln, Möhren Paprikaschoten, Pilze)
- 1 Zwiebel
- 1 Knoblauchzehe
- 10 g frischer Ingwer
- 2 EL Pflanzenöl
- ca. 300 g gekochter Reis
- Salz, Pfeffer aus der Mühle
- 1 EL Currypulver
- 200 ml Kokosmilch

Zeitbedarf
- 35 Minuten

So geht's

1. Die Cashewkerne oder Mandeln in einer Pfanne ohne Fett rösten und beiseitestellen.
2. Das Gemüse putzen, waschen und in dünne Scheiben, Streifen oder Ringe schneiden. Die Zwiebel und den Knoblauch schälen und in kleine Würfel schneiden. Den Ingwer schälen und auf der Küchenreibe sehr fein reiben.
3. Das Öl in einem Wok oder in einer tiefen Pfanne erhitzen. Die Zwiebeln und den Knoblauch darin glasig dünsten. Den Ingwer zugeben und kurz mitdünsten.
4. Das vorbereitete Gemüse dazugeben und unter ständigem Rühren ca. 8 Minuten garen. Es sollte noch leichten Biss haben. Den Reis unterrühren und 2 Minuten mitbraten. Mit Salz, Pfeffer und Currypulver würzen. Die Kokosmilch angießen und erhitzen.
5. Beim Anrichten die gerösteten Cashewkerne oder Mandeln über das Gemüse streuen.

SO SCHMECKT'S AUCH | MIT HÄHNCHENFLEISCH **Dafür 200 g Hähnchenfleisch in Würfel schneiden. Das Öl in einem Wok oder in einer Pfanne erhitzen und das Fleisch von allen Seiten anbraten. Mit Salz, Pfeffer und Currypulver würzen, herausnehmen. Zwiebeln, Knoblauch und Ingwer in Öl glasig dünsten, 250 g Gemüse zugeben und dünsten. Reis und Hähnchen zugeben. Würzen und mit Kokosmilch auffüllen. Nach Belieben mit gerösteten Nüssen bestreuen.**

REIS-TORTILLA
mit Gemüse

TORTILLA MAL ANDERS: STATT MIT GEKOCHTEN KARTOFFELN WIRD DER KLASSIKER AUS SPANIEN HIER MIT GEGARTEM REIS ZUBEREITET.

Zutaten für 2 Portionen

- 1 Zwiebel
- 1 Knoblauchzehe
- 250 g Gemüsereste (z. B. Tomaten, Pilze, Zucchini)
- 1 EL Butter
- Salz, Pfeffer aus der Mühle
- ca. 300 g gekochter Reis
- 50 g Parmesan am Stück
- ½ Bund Schnittlauch
- 4 Eier
- 50 ml Milch

Zeitbedarf

- 25 Minuten
- 15 Minuten garen

So geht's

1. Den Backofen auf 200 °C (Umluft 180 °C) vorheizen. Zwiebel und Knoblauch schälen und fein hacken. Das Gemüse putzen, waschen und in Scheiben, Streifen oder Würfel schneiden.
2. In einer ofenfesten Pfanne die Butter erhitzen, Zwiebeln mit Knoblauch darin glasig dünsten. Das Gemüse zugeben, mit Salz und Pfeffer würzen und 3 Minuten unter Rühren dünsten. Den Reis unterrühren und 2 Minuten mitdünsten.
3. Den Parmesan reiben. Schnittlauch waschen, trocken schütteln und in Röllchen schneiden. Die Eier mit Milch verquirlen, mit Parmesan und Schnittlauch verrühren. Mit Pfeffer würzen und gleichmäßig über die Reis-Gemüse-Mischung gießen. Zugedeckt bei niedriger Hitze 5 Minuten stocken lassen.
4. Die Tortilla im Ofen auf der mittleren Schiene 15 Minuten weitergaren. Mithilfe eines Pfannenwenders auf einen großen flachen Teller gleiten lassen. In Stücke teilen und servieren.

DIE VARIANTE | REIS-TORTILLA MIT SPECK UND ERBSEN

1 Zwiebel, 50 g durchwachsener Speck, 50 g Parmesan, 4 Eier, 50 ml Milch, Salz, Pfeffer aus der Mühle, 1 EL Butter, ½ Bund Petersilie, 300 g gekochter Reis, 100 g TK-Erbsen Zwiebel schälen und fein hacken. Speck würfeln. Käse reiben. Eier mit Milch und Käse verquirlen, salzen und pfeffern. Butter in einer ofenfesten Pfanne erhitzen, Zwiebeln und Speck darin glasig dünsten. Petersilie waschen, trocken schütteln, hacken. Reis, Petersilie und Erbsen unterrühren. Eimasse darübergießen, 5 Minuten stocken lassen. Im Ofen bei 200 °C (Umluft 180 °C) 15 Minuten fertig garen.

RESTLOS!

SCHNITTLAUCH

Den restlichen Bund waschen, trocken schütteln, in Röllchen schneiden und auf einen flachen Teller geben. 2 Scheiben Brot oder 1 halbierte Brezel mit Butter oder Frischkäse bestreichen, diagonal zu Dreiecken schneiden und mit der bestrichenen Seite in die Schnittlauchröllchen drücken.

RESTLOS!

OLIVEN

Sind welche übrig geblieben, kann man sie für Olivenbrösel verwenden: 2 EL fein gewürfelte Oliven mit 4 EL fein gewürfelten, in etwas Olivenöl gerösteten altbackenen Brotwürfeln mischen. Mit 1 TL getrocknetem Thymian würzen. Die Brösel über die fertig gebackene Frittata streuen.

SPAGHETTI-FRITTATA

mit Tomaten und Oliven

NUDELRESTE SIND IDEAL FÜR UNKOMPLIZIERTE PFANNENGERICHTE UND LASSEN SICH MIT DEN VERSCHIEDENSTEN ZUTATEN KOMBINIEREN.

Zutaten für 2 Portionen

- 100 g Kirschtomaten
- 1 Schalotte
- 50 g schwarze Oliven ohne Stein
- 40 g Parmesan am Stück
- 3 Eier
- 60 ml Milch
- Salz, Pfeffer aus der Mühle
- 2 EL gehackte Kräuter nach Wahl
- 250 g gekochte Spaghetti
- 2 EL Olivenöl

Zeitbedarf

- 40 Minuten
- 20 Minuten stocken lassen

So geht's

1. Die Kirschtomaten waschen und halbieren. Die Schalotte schälen und würfeln. Die Oliven in Scheiben schneiden. Den Parmesan auf der Küchenreibe reiben.
2. Die Eier mit der Milch verquirlen. Mit Salz und Pfeffer abschmecken. Die Kräutermischung und den Parmesan unterrühren. In einer großen Schüssel die Nudeln mit den Schalotten und den Oliven mischen. Die Eiermilch unterrühren.
3. In einer beschichteten Pfanne das Öl erhitzen. Zuerst die Tomaten in die Pfanne geben, dann die Nudelmasse. Die Nudeln an der Oberfläche gleichmäßig flach drücken. Zugedeckt bei schwacher Hitze 10 Minuten backen.
4. Sobald die Eier an der Oberfläche zu stocken beginnen, die Frittata auf einen Teller stürzen. Mithilfe eines Pfannenwenders wieder in die Pfanne zurückgleiten lassen, sodass die gebräunte Seite oben ist. Offen 10 Minuten stocken lassen. Warm oder kalt servieren.

DIE VARIANTE | MIT SCHINKEN UND KÄSE

1 Schalotte, 1 EL Butter, 100 g Schinken (roh oder gekocht), 250 g gekochte Spaghetti, 3 Eier, 60 ml Milch, 100 g Hartkäsereste, Salz, Pfeffer aus der Mühle, 2 EL gehackte Kräuter, 2 EL Olivenöl Schalotte schälen und würfeln. Schinken in Streifen schneiden. Schalotte, Schinken und Nudeln miteinander vermengen. Den Käse reiben. Die Eier mit Milch, Käse, Salz und Pfeffer verquirlen, Kräuter zugeben. Die Nudeln mit der Eiermilch übergießen und in der Pfanne in Olivenöl zugedeckt 10 Minuten backen. Wenden und 10 Minuten offen stocken lassen.

PASTA-MUFFINS

mit Spinat und Parmesan

AUS NUDEL- UND GEMÜSERESTEN ODER SPINAT AUS DEM VORRAT SIND DIE KLEINEN TÖRTCHEN MIT SALAT EIN SCHNELLER FEINER SNACK.

Zutaten für 8 Muffins

- 250 g TK-Blattspinat
- 1 Schalotte
- 1 Knoblauchzehe
- 1 EL Butter
- 200 ml Milch
- 100 g Frischkäse
- Salz, Pfeffer aus der Mühle
- geriebene Muskatnuss
- 2 Eier
- 250 g gekochte Nudeln
- 1 – 2 EL Olivenöl
- 50 g Parmesan am Stück

besonderes Werkzeug

- 1 Muffinform

Zeitbedarf

- 30 Minuten
- 45 Minuten auftauen
- 30 Minuten backen

So geht's

1. Den Spinat auftauen. Die Schalotte und den Knoblauch schälen und in kleine Würfel schneiden.
2. Die Butter erhitzen und die Schalotten- und Knoblauchwürfel darin glasig dünsten. Den aufgetauten Spinat zugeben und erwärmen. Die Milch und den Frischkäse unterrühren. Mit Salz, Pfeffer und etwas Muskat würzen. Vom Herd nehmen und etwas abkühlen lassen.
3. Den Backofen auf 180 °C (Umluft 160 °C) vorheizen. Die Eier mit einem Schneebesen in einer kleinen Schüssel gut verquirlen, zur Spinatmasse geben und unterrühren. Die Nudeln mit der Spinatmasse sorgfältig vermischen.
4. Die Mulden der Muffinform mit etwas Olivenöl gut einfetten. Die Spinat-Nudel-Masse in die Mulden füllen und im Backofen auf der mittleren Schiene 15 Minuten backen.
5. Den Parmesan reiben. Die Pasta-Muffins aus der Form lösen und mit dem Parmesan bestreuen.

SO SCHMECKT'S AUCH | GEMÜSE **Anstatt Spinat kann man auch andere Gemütsereste verwenden, z. B. Mangold, Zucchini, Broccoli oder Frühlingszwiebeln: 200 g Gemüse möglichst klein schneiden und mit der Schalotte und dem Knoblauch 5 Minuten dünsten. Nimmt man Paprikaschoten, Auberginen und Tomaten, mit Kräutern der Provence abschmecken.**

RESTLOS!

FRISCHKÄSE

Den Rest aus der Packung für einen Kräuterdrink verwerten: Dafür den Käse mit 100 ml Milch, 100 ml Mineralwasser und 1 Handvoll frischer Kräuter pürieren. Nach Belieben mit Salz und Pfeffer abschmecken.

RUCOLA-PASTA

mit Salsiccia

ANGEBROCHENE RUCOLA-PACKUNGEN BLEIBEN OFT IM KÜHLSCHRANK LIEGEN. MIT SALAMI KOMBINIERT WIRD DARAUS EINE WÜRZIGE PASTASAUCE.

Zutaten für 2 Portionen

- 2 EL Pinienkerne
- 1 Knoblauchzehe
- 1 getrocknete Chilischote
- 80 g Salsiccia (grobe italienische Salami oder andere würzige Sorte)
- 1 EL Olivenöl
- je 4 EL Weißwein und Gemüsebrühe (oder 8 EL Brühe)
- 30 g kalte Butter
- 40 g Parmesan am Stück
- ca. 50 g Rucola
- 400 g gekochte Spaghetti
- Salz, Pfeffer aus der Mühle

Zeitbedarf
• 25 Minuten

So geht's

1. Die Pinienkerne in einer Pfanne ohne Fett rösten. Den Knoblauch schälen und fein würfeln. Die Chilischote fein hacken. Die Salsiccia in Scheiben schneiden.
2. Das Olivenöl in einer Pfanne erhitzen und die Salsiccia darin bei mittlerer Hitze anbraten. Knoblauch und Chili zugeben und glasig dünsten. Darauf achten, dass der Knoblauch nicht zu dunkel wird, dann schmeckt er bitter. Mit Weißwein und Gemüsebrühe ablöschen. Die Butter in Stückchen nach und nach in die Sauce rühren, um sie zu binden.
3. Den Parmesan reiben. Den Rucola waschen und trocken schütteln. Die Stiele abschneiden. Die Nudeln in die Pfanne geben, mit der Salsiccia-Chili-Mischung vermengen und erwärmen. Mit Salz und Pfeffer würzen. Den Rucola untermischen.
4. Die Pasta auf Tellern anrichten und mit gerösteten Pinienkernen und Parmesan bestreuen.

DIE VARIANTE | MIT SPECK

80 g gewürfelter Speck, 2 EL Butter, 2 gewürfelte Schalotten, 50 g Rucola, 2 frische Eier, 40 g geriebener Parmesan, Salz, Pfeffer aus der Mühle, 400 g gekochte Spaghetti Speck in Butter knusprig braten. Die Schalotten zugeben. Rucola waschen und trocken schleudern. Die Eier verquirlen, mit Parmesan verrühren, salzen und pfeffern. Nudeln kurz in kochendem Wasser erhitzen und unter die Ei-Mischung rühren. Mit Speck und Rucola vermischen und servieren.

SALBEI-PASTA

mit Speck & Zwiebeln

SO EINFACH, SO GUT: MIT DEM AROMA VON GERÖSTETEM SPECK UND SALBEI SCHMECKEN DIE NUDELN VOM VORTAG GANZ KÖSTLICH.

Zutaten für 2 Portionen

- 50 g Frühstücksspeck
- 2 Zwiebeln
- 8 Blätter Salbei
- 40 g Parmesan am Stück
- 2 EL Butter
- 4 EL Weißwein
- 4 EL Gemüsebrühe
- 400 g gekochte Nudeln

Zeitbedarf

- 25 Minuten

So geht's

1. Den Speck in Streifen schneiden. Die Zwiebeln schälen, halbieren und in sehr feine Streifen schneiden. Die Salbeiblättchen waschen und trocken tupfen. Den Parmesan mit dem Sparschäler oder auf dem Gurkenhobel in dünne Späne hobeln.
2. Die Butter in einer großen Pfanne erhitzen. Den Salbei hineingeben und knusprig braten. Nicht zu lange, damit die Blättchen nicht zu dunkel werden und bitter schmecken. Den Salbei herausnehmen und auf Küchenpapier abtropfen lasssen. Den Speck und die Zwiebeln in das Bratfett geben und knusprig braten. Mit Weißwein ablöschen. Die Gemüsebrühe dazugießen.
3. Die Nudeln zugeben und mit der Zwiebel-Speck-Mischung verrühren. Unter Rühren 5 Minuten bei schwacher Hitze erwärmen. Den Salbei untermischen. Mit grob gemahlenem Pfeffer würzen und mit Parmesanspänen bestreuen.

DIE VARIANTE | PASTA MIT PFEFFER UND PECORINO

40 g Pecorino oder Parmesan am Stück, 4 EL Olivenöl, 2 EL Butter, 4 EL Weißwein oder Brühe, ca. 400 g gekochte Nudeln, Salz, schwarzer Pfeffer aus der Mühle Den Käse reiben. Olivenöl und Butter in einer großen Pfanne erhitzen. Den Wein angießen. Die Nudeln dazugeben, kurz in der Pfanne schwenken und unter Rühren bei schwacher Hitze 5–8 Minuten erwärmen. Mit Salz und grob gemahlenem Pfeffer würzen. Am Schluss den Käse unterrühren.

RESTLOS!

BASILIKUM

Die restlichen Kräuter legt man am besten in Olivenöl ein: Die Blättchen in ein Schraubglas geben und vollständig mit Öl bedecken (siehe auch Seite 82). Zum Einfrieren sind die zarten Blätter nur dann geeignet, wenn man sie mit Öl einpinselt und in eine kleine Plastikbox legt.

PASTA VOM BLECH

mit Tomaten & Mozzarella

NUDELN MAL ANDERS: DIE SPAGHETTI-NESTER SIND GANZ PRIMA FÜR DIE RESTEVERWERTUNG GEEIGNET UND IM HANDUMDREHEN GEMACHT.

Zutaten für 2 Portionen

- 125 g Mozzarella (Abtropfgewicht)
- ½ Bund Basilikum
- 2 Eier
- 150 g Frischkäse
- Salz, Pfeffer aus der Mühle
- 8 Kirschtomaten
- ca. 400 g gekochte Spaghetti

Zeitbedarf

- 30 Minuten
- 15 Minuten gratinieren

So geht's

1. Den Mozzarella abtropfen lassen und auf der Küchenreibe grob reiben. Basilikum waschen und trocken schütteln. Einige Blättchen von den Stielen zupfen und beiseitelegen. Den Rest in feine Streifen schneiden.
2. Die Eier aufschlagen und verquirlen. Den Frischkäse unterrühren. Mit dem klein geschnittenen Basilikum und der Hälfte des Mozzarellas mischen. Die Masse mit Salz und Pfeffer würzen. Die Kirschtomaten waschen und halbieren.
3. Den Backofen 200 °C (Umluft 180 °C) vorheizen. Die Spaghetti mit einer Küchenpinzette oder mit einer Gabel zu Nestern drehen und auf ein mit Backpapier ausgelegtes Backblech setzen.
4. Die Frischkäse-Basilikum-Mischung in die Mitte der Nester geben. Anschließend die Tomatenhälften und den restlichen Mozzarella darauf verteilen. Die Spaghetti-Nester im Ofen auf der mittleren Schiene 15 Minuten gratinieren.

SO SCHMECKT'S AUCH | MIT SCHINKEN UND GEMÜSE **In die Frischkäse-Mischung kann man zusätzlich Reste (50 – 100 g) von gekochtem oder luftgetrocknetem Schinken, Salami oder Chorizo (spanische Paprikasalami) geben. Alternativ kann man auch 100 g fein geschnittene Gemüsewürfelchen (z. B. Paprikaschote, Zucchini oder Aubergine) kurz in 1 EL Olivenöl dünsten, mit Salz und Pfeffer würzen und unter die Frischkäsemasse rühren.**

FETA-NUDEL-SALAT
mit Chorizo und Paprika

FÜR NUDELRESTE VOM VORTAG: MIT FRISCHEN ZUTATEN GEMISCHT ERGEBEN DIE SATTMACHER AM NÄCHSTEN TAG EINEN TOLLEN SALAT.

Zutaten für 2 Portionen

- 1 Paprikaschote
- 40 g Pinienkerne
- 80 g Chorizo (spanische Paprikawurst)
- 6 EL Olivenöl
- 3 EL weißer Balsamico-Essig
- Salz, Pfeffer aus der Mühle
- 1 Prise Zucker
- 5 EL gehackte Gartenkräuter
- 200 g Fetakäse (alternativ Frischkäse, Ricotta oder Ziegenweichkäse)
- 300 g gekochte Nudeln

Zeitbedarf

- 35 Minuten
  30 Minuten ruhen

So geht's

1. Die Paprikaschote putzen, waschen, vierteln, entkernen und fein würfeln. In einer Pfanne die Pinienkerne trocken rösten und herausnehmen. Die Chorizo in dünne Scheiben schneiden und in der heißen Pfanne ohne Fett knusprig braun rösten. Auf Küchenpapier abtropfen lassen.
2. Für die Salatsauce das Öl mit dem Essig verrühren. Mit Salz, Pfeffer und 1 Prise Zucker abschmecken. 2 EL gehackte Kräuter unter die Sauce rühren.
3. Den Fetakäse mit der Gabel zerdrücken. Mit den Händen daraus kleine Bällchen formen. In den restlichen gehackten Kräutern wälzen.
4. Paprikawürfel, Chorizo und Pinienkerne vorsichtig mit den Nudeln mischen. Die Salatsauce unterrühren. Den Salat noch einmal mit Salz und Pfeffer kräftig abschmecken und zugedeckt im Kühlschrank 30 Minuten ziehen lassen. Vor dem Servieren die Feta-Kugeln auf dem Salat verteilen.

SO SCHMECKT'S AUCH | MIT SPECK UND TOMATEN **Anstatt Chorizo kann man für den Salat auch 80 g Frühstücksspeck nehmen: Die einzelnen Speckstreifen mit einem scharfen Messer quer in 3 Stücke teilen und in einer Pfanne ohne Fett rösten. Die Paprikaschote kann man durch 2 – 3 Tomaten ersetzen: Die Tomaten würfeln und vorsichtig mit den Nudeln mischen. Auch lecker: 10 getrocknete und eingelegte Tomaten klein schneiden und unterrühren.**

RESTLOS!

CHORIZO

Reste der Paprikawurst kann man in hauchdünne Scheiben schneiden und im heißen Backofen bei 180 °C etwa 5 Minuten backen. Kühl und verschlossen aufbewahrt sind sie etwa 1 Woche haltbar.

KRÄUTERRESTE

raffiniert konserviert

OFT WIRD VOM KRÄUTERBUND ODER -TÖPFCHEN NUR EIN KLEINER TEIL VERWENDET. DAMIT DIE RESTE NICHT VERWELKEN MÜSSEN, KANN MAN SIE FÜR DEN VORRAT TROCKNEN, EINFRIEREN ODER AUCH EINLEGEN.

KRÄUTERRESTE TROCKNEN

Gut eignen sich Thymian, Salbei, Majoran, Oregano, Rosmarin, Bohnenkraut, Lorbeer und Pfefferminze. Die Kräuter waschen, trocken schütteln, auf Küchenpapier ausbreiten und trocken tupfen. Bundweise zusammenbinden und kopfüber an einem luftigen Platz trocknen. Als Trockenraum eignet sich ein sauberer Speicher, eine überdachte Terrasse oder ein Gartenhäuschen. Die rascheltrockenen Blätter in verschließbare Schraubgläser füllen.

KRÄUTERRESTE EINLEGEN

Dafür eignen sich besonders die Blätter von Basilikum und Salbei. Blätter in ein sauberes Schraubglas geben und vollständig (damit sie nicht schimmeln) mit Olivenöl bedecken. Verschließen und im Kühlschrank aufbewahren. Vor Gebrauch rechtzeitig aus dem Kühlschrank nehmen, damit das Öl seine feste Konsistenz verliert.

KRÄUTERRESTE EINFRIEREN

Petersilie, Schnittlauch, Dill und Liebstöckel waschen, trocken schütteln, hacken bzw. in Röllchen schneiden und in Eiswürfelbehälter füllen. Mit Wasser auffüllen und einfrieren. Für Suppen und Saucen verwenden. Von Estragon, Koriander und Kerbel friert man besser ganze Zweige ein, da die zarten Blättchen klein geschnitten ihr Aroma verlieren.

KRÄUTERÖL

Kräuterreste (insgesamt ca. 1 Bund; z. B. Petersilie, Schnittlauch, Basilikum, Koriander, Dill), 200 ml Olivenöl, Salz, Pfeffer aus der Mühle

So geht's: Kräuter waschen, trocken schütteln, auf Küchenpapier ausbreiten und trocken tupfen. Danach grob zerkleinern und mit dem Öl pürieren. Mit Salz und Pfeffer würzen und durch ein feines Sieb gießen. Das Öl in ein Glasfläschchen füllen und fest verschließen. Gekühlt hält es sich mehrere Wochen und ist ideal zum Einpinseln von gerösteten Brotscheiben, zum Beträufeln von Suppen, gegrilltem Fisch, Meeresfrüchten, Steaks sowie zum Verfeinern von Salatdressings. Es kann auch aus nur einer Kräutersorte hergestellt werden.

KRÄUTERLIMONADE

1 großer Bund gemischte Kräuter (z. B. 3 Zweige Basilikum, 2 Zweige Rosmarin, 4 Zweige Zitronenthymian, 1 Zweig Salbei, 4 Zweige Melisse), 250 ml Apfelsaft, 2 EL Honig, 1 TL zerstoßene Wacholderbeeren, Saft von 1 Bio-Zitrone

So geht's: Kräuter waschen und trocken schütteln. Apfelsaft mit Honig und Wacholderbeeren aufkochen. Zitronensaft zugeben. Topf vom Herd nehmen. Die Kräuterzweige hineinlegen und 2 Stunden ziehen lassen. Den Sud durch ein feines Sieb gießen. Im Kühlschrank kalt stellen. Vor dem Servieren den Kräutersud mit 750 ml eisgekühltem Mineralwasser in eine Karaffe gießen. Nach Belieben frische Kräuter und Eiswürfel hinzugeben.

KRÄUTERSALZ

20–30 g getrocknete Kräuter (siehe Seite 82), 200 g grobes Meersalz

So geht's: Getrocknete Kräuter mit Meersalz mischen und im Mörser oder in einer alten Kaffeemühle fein mahlen. Zum Würzen von Suppen, Saucen, Gemüse, Fleisch und Fisch. In dekorative Gläschen abgefüllt, ist es auch ein schönes Mitbringsel.

KRÄUTERBUTTER

Kräuterreste (insgesamt ca. 1 Bund; z. B. Schnittlauch, Petersilie, Dill, Kerbel), 250 g weiche Butter, Salz, Pfeffer aus der Mühle

So geht's: Kräuter waschen, trocken schütteln und hacken. Butter schaumig rühren und mit den Kräutern mischen. Mit Salz und Pfeffer würzen. Buttermischung auf Klarsichtfolie zu einer Rolle formen, die Enden zusammendrehen. Im Kühlschrank aufbewahren. Oder in Eiswürfelbehälter füllen und einfrieren. Man kann die Buttermischung zusätzlich auch mit etwas Zitronensaft, Tabasco und/oder Senf abschmecken. Kräuterbutter passt besonders gut zu gegrilltem Fleisch, Fisch und Gemüse.

BROT

eine zweite Chance

VIEL ZU HÄUFIG LANDEN BACKWAREN IM ABFALL. DABEI LÄSST SICH BROT GANZ EINFACH UND AUF VIELFÄLTIGE WEISE WEITERVERWERTEN – UND DAS FÜR GAR NICHT SO ALTBACKENE GERICHTE.

BROTSALAT
mit Birnen und Nüssen

AUS ALTEM WEISSBROT WERDEN KNUSPRIG GERÖSTETE STANGEN, DIE EIN IDEALER BEGLEITER FÜR JEDEN SALAT SIND.

Zutaten für 2 Portionen

- ca. 100 g altbackenes Ciabatta oder Weißbrot
- 4 EL Olivenöl
- Salz, Pfeffer aus der Mühle
- 80 g Salatblätter nach Wahl
- 1–2 Birnen
- 70 g Hüttenkäse
- 1 EL weißer Balsamico-Essig
- 40 g Walnusskerne
- 2 EL Butter
- 1 Gewürznelke
- 2–3 EL Weißwein oder Apfelsaft

Zeitbedarf

- 40 Minuten

So geht's

1. Das Brot in fingerdicke, ca. 10 cm lange Abschnitte schneiden. In einer Pfanne 2 EL Öl erhitzen. Die Brotstangen darin wenden und auf allen Seiten knusprig rösten. Mit Salz und Pfeffer würzen.
2. Die Salatblätter waschen, trocken schleudern und in mundgerechte Stücke zupfen. Die Birnen schälen, vierteln, entkernen und in Spalten schneiden.
3. Hüttenkäse mit Essig und restlichem Öl verrühren. Mit Salz und Pfeffer würzen. Die Walnusskerne grob hacken.
4. Die Butter mit der Gewürznelke erwärmen. Die Birnenspalten hineingeben und ca. 3 Minuten bei mittlerer Hitze schmoren. Mit Weißwein oder Apfelsaft ablöschen. Vom Herd nehmen und einige Minuten im Sud ziehen lassen.
5. Die Salatblätter mit Birnenspalten und Brotstangen anrichten. Mit dem Birnen-Schmorsud beträufeln. Das Hüttenkäse-Dressing darübergeben, mit gehackten Nüssen bestreuen.

DIE VARIANTE | WARMER BROTSALAT MIT SPECK UND EI

100 g altbackenes Ciabatta oder Weißbrot, 1 Knoblauchzehe, 4 EL Olivenöl, Salz, Pfeffer aus der Mühle, 6 Scheiben Frühstücksspeck, 80 g Salatblätter, 1 EL Essig, 2 Eier, 40 g Parmesan am Stück Knoblauch schälen und andrücken. Brot in fingerdicke, 10 cm lange Stücke schneiden, mit dem Knoblauch in 2 EL Öl rösten, salzen und pfeffern. Speck in einer Pfanne knusprig rösten. Salat mit einer Vinaigrette aus 2 EL Öl, Essig, Salz und Pfeffer mischen. Aufgeschlagene Eier mit einer Schöpfkelle in 250 ml kochendes Wasser gleiten lassen, 3–4 Minuten pochieren. Salat mit Speck, Brot und Ei anrichten. Parmesan reiben und darüberstreuen.

RESTLOS!

NÜSSE

In angebrochenen Packungen sind Nüsse begrenzt lagerfähig und schmecken wegen des hohen Fettgehaltes nach einiger Zeit leicht ranzig. Als Topping für Süßspeisen kann man sie aber auch gut zu Krokant verarbeiten: 40 g Walnüsse oder Haselnüsse grob hacken. 4 EL Zucker in einem Topf karamellisieren lassen, Nüsse und 1 TL Butter unterrühren. Auf Alufolie streichen, auskühlen lassen und in Stücke brechen. In einer Dose mehrere Monate haltbar.

BROTSUPPEN
aus den Küchen der Welt

BROTRESTE SIND ÜBERALL ZU HAUSE: OB IN BAYERN, IN DER TOSKANA, IN FRANKREICH ODER IN PORTUGAL – GUT GETROCKNET UND GERÖSTET GEHEN SIE IN HEISSEN SUPPEN AUF TAUCHSTATION.

BAYERISCHE BROTSUPPE

2 Scheiben altbackenes helles Brot, 1 TL Butter, 1 Zwiebel, 1 Bund Suppengrün, 1 EL Öl, 500 ml Fleischbrühe, 2 EL Sahne, Salz, Pfeffer aus der Mühle, ½ Bund Schnittlauch

So geht's: Die Brotscheiben auf beiden Seiten in Butter rösten. Die Zwiebel schälen und würfeln. Suppengrün putzen, waschen und klein schneiden. Zwiebel in Öl glasig dünsten, Suppengrün zugeben und 5 Minuten mitdünsten. Brühe zugießen, zugedeckt 10 Minuten köcheln lassen. Sahne unterrühren, salzen und pfeffern. Schnittlauch waschen, trocken schütteln und in Röllchen schneiden. Brotscheiben in Suppenteller legen und mit Suppe auffüllen. Mit Schnittlauch bestreuen.

FRANZÖSISCHE BROTSUPPE

3 Zwiebeln, 2 Knoblauchzehen, 1 EL Butter, Salz, 150 g würziger Käse (z. B. Gruyère, Cantal), ca. 250 g altbackenes helles Landbrot

So geht's: Die Zwiebeln und den Knoblauch schälen. Die Zwiebeln in Scheiben schneiden, den Knoblauch hacken, beides in Butter glasig dünsten. Mit Salz würzen und mit 500 ml Wasser auffüllen. Etwa 5 Minuten kochen lassen. Das Brot in Scheiben schneiden. Den Backofen auf 250 °C (Umluft 230 °C) vorheizen. Eine hohe ofenfeste Form mit ¼ der Brotscheiben auslegen. ¼ vom Käse darüberreiben, dann wieder ¼ der Brotscheiben einlegen und ¼ vom Käse. Den Vorgang noch zweimal wiederholen. Die Suppe darübergießen und im Ofen 10 Minuten gratinieren.

TOSKANISCHE BROTSUPPE

ca. 80 g altbackenes Weißbrot, 4 EL Olivenöl, 500 g reife Tomaten, 1 Zwiebel, 2 Knoblauchzehen, 150 ml Gemüsebrühe, Salz, Pfeffer aus der Mühle, 1 EL gehackter Rosmarin, 2 EL klein geschnittener Basilikum, 50 g Parmesan am Stück

So geht's: Das Brot in 3 cm große Würfel schneiden und in 2 EL Olivenöl rösten. Die Tomaten kreuzförmig einritzen und mit kochendem Wasser überbrühen, häuten und würfeln. Die Zwiebel und die Knoblauchzehen schälen, würfeln und in 2 EL Olivenöl glasig dünsten. Die Tomaten und die Brühe zugeben, mit Salz und Pfeffer würzen und 10 Minuten köcheln lassen. Rosmarin und 1 EL Basilikum zugeben. 20 Minuten garen. Den Käse reiben. Die Brotwürfel in Teller geben und mit der Suppe übergießen. Mit dem restlichem Basilikum und Käse bestreuen.

PORTUGIESISCHE BROTSUPPE

2 Scheiben altbackenes dunkles Brot, 2 EL Olivenöl, 3 Knoblauchzehen, 500 ml Gemüsebrühe, 1 TL edelsüßes Paprikapulver, Salz, Pfeffer aus der Mühle, ½ Bund Petersilie, 2 Eier

So geht's: Den Backofen auf 150 °C (Umluft 130 °C) vorheizen. Zwei ofenfeste Suppentassen in den Ofen stellen. Das Brot in Stücke teilen und in Olivenöl rösten. Den Knoblauch schälen und in Scheibchen schneiden. Die Brühe mit Knoblauch und Paprikapulver aufkochen, mit Salz und Pfeffer würzen. Die Petersilie waschen, trocken schütteln und hacken. Den Backofen auf 200 °C (Umluft 180 °C) stellen. Die Tassen aus dem Ofen nehmen, das geröstete Brot hineinlegen und mit heißer Brühe auffüllen. In jede Tasse ein aufgeschlagenes Ei gleiten lassen. Die Tassen zurück in den Ofen stellen und das Eiweiß stocken lassen. Mit Petersilie bestreuen und servieren.

BROT VERWERTEN

bis zum letzten Krümel

BROTRESTE SAMMELN SICH IMMER WIEDER AN. AUS DEN TROCKENEN ÜBERBLEIBSELN LASSEN SICH GANZ EINFACH KNUSPRIGE CHIPS, WÜRZIGE CROÛTONS UND VIELSEITIG VERWENDBARE BRÖSEL HERSTELLEN.

BROTCHIPS

Ob aus altbackenem Weißbrot, Graubrot oder Vollkornbrot: die Chips aus dem Ofen schmecken warm und kalt und passen gut zu Salaten und Suppen. In einer Dose aufbewahrt, sind sie mehrere Wochen haltbar.

So geht's: 100 g altbackenes Brot in 2 mm dünne Scheiben schneiden (am besten mit der Brotschneidemaschine), mit gewürztem Öl (z. B. 50 ml Olivenöl mit je 1 TL zerstoßenem Kreuzkümmel, schwarzen Pfefferkörnern, Koriander- und Fenchelsamen und 1 gehackten getrockneten Chilischote vermischt) oder mit gewürzter Butter (z. B. 2–3 EL flüssige Butter mit 1 EL Thymianblättchen, 2 TL abgeriebener Schale und 1 EL Saft von 1 Bio-Zitrone vermischt) bestreichen, im vorgeheizten Backofen bei 180 °C (160 °C Umluft) ca. 10 Minuten knusprig rösten, mit Meersalz bestreuen.

CROÛTONS

Aus Weißbrot, dunklem Brot und auch aus Vollkornbrot lassen sich knusprige Würfelchen für Salate und Suppen herstellen. In einem Schraubdeckelglas kann man sie mehrere Wochen aufbewahren.

So geht's: 100 g altbackenes Brot in Würfel schneiden. In einer großen Pfanne in 1 EL Butter oder Olivenöl unter Rühren goldbraun rösten. Nach Belieben kann man die Croûtons auch mit Gewürzen aromatisieren:

- mit 1–2 TL Kräutersalz
- mit 2 fein gehackten Knoblauchzehen oder 1 TL Knoblauchpulver
- mit je 1 TL Chiliflocken und Ingwerpulver
- mit je 1 TL gemahlenem Kreuzkümmel und Koriander sowie 1 Prise Zimt
- mit Salz, Pfeffer und geriebenem Parmesan (beim Abkühlen wird der Käse fest)

SEMMELBRÖSEL

Trockene Brotreste (alle Sorten) reiben oder im Mixer zerkleinern. Im Schraubdeckelglas kann man sie mehrere Monate aufbewahren.

FÜR PANADEN

Für feines Semmelmehl zum Panieren die Brösel einfach sieben; für mehr Würze kann man sie auch aromatisieren (Zutaten jeweils für 4 EL Semmelbrösel):

- mit 1 TL Ingwerpulver: für Fisch und Geflügel
- mit 1 TL Chiliflocken: für Fleisch
- mit 1 TL Selleriesalz: für Gemüsebratlinge
- mit 1 gestrichenen TL geriebener Muskatnuss: für Kartoffelküchlein
- mit je 1 TL Zimt und Zucker: für Apfelringe

FÜR TOPPINGS

Würzige Brösel sind auch ideal für Suppen, Salate und Gemüse.

Curry-Sesam-Brösel: 2 EL Butter erhitzen, 4 EL Semmelbrösel und 2 EL Sesamsaat darin knusprig braten, 1 TL Currypulver kurz mitrösten, mit Salz, Pfeffer und 1 EL gehackter Petersilie würzen.

Feigen-Walnuss-Brösel: 2 EL Butter erhitzen, 4 EL Semmelbrösel und 2 EL gehackte Walnüsse darin knusprig rösten, 30 g getrocknete, gehackte Feigen dazugeben, mit Salz, ¼ TL Chiliflocken und 1 TL Thymianblättchen würzen.

Speck-Zitronen-Brösel: 50 g Speckwürfel in 1 EL Öl ausbraten, 1 gehackte Zwiebel darin glasig dünsten, 2 EL Butter und 4 EL Semmelbrösel zugeben und anrösten, mit abgeriebener Schale von 1 Bio-Zitrone, Salz und Pfeffer würzen.

FÜR PASTA

Es muss nicht immer Käse sein: Grobe Brotbrösel, in Olivenöl geröstet, sind eine wunderbare Alternative. Dafür trockenes Brot mit Kräutern (z.B. Thymian, Petersilie) und abgeriebener Zitronenschale und gehacktem Knoblauch im Mixer grob hacken und anschließend in Olivenöl nicht zu dunkel rösten. Über die Pasta streuen.

Chili-Knoblauch-Brösel: 1 gehackte Chilischote und 1 gehackte Knoblauchzehe in 4 EL Olivenöl glasig dünsten. 2–3 EL grobe Semmelbrösel zugeben und unter Rühren knusprig braten.
Passt gut zu Pasta mit Gemüse oder Meeresfrüchten.

Steinpilz-Brösel: 2 EL getrocknete, gemahlene Steinpilze mit 2 EL Bröseln in 2 EL Butter und 2 EL Olivenöl unter Rühren knusprig braten. Schmeckt zu Pasta mit Zucchini, Rucola und Schinken.

Chorizo-Brösel: 75 g Chorizowürfel mit 2 EL Bröseln unter Rühren in 4 EL Olivenöl knusprig braten.
Passt gut zu Pasta mit Tomatensauce, Gemüse, Gambas.

RESTLOS!

THYMIAN

Den restlichen Bund zu Parmesan-Chips verarbeiten: Die Thymianblättchen mit 50 g geriebenem Parmesan mischen. Teelöffelweise auf ein mit Backpapier ausgelegtes Blech setzen, 4 – 5 Minuten im vorgeheizten Ofen bei 200 °C (Umluft 180 °C) goldbraun backen. Die Chips vorsichtig auf Küchenpapier legen. Passt gut als Deko für Salate, Suppen und Pürees.

FRENCH TOAST
mit gebratenen Pilzen

ALTE WEISSBROTSCHEIBEN IN FEINER THYMIAN-EIHÜLLE GEBACKEN: EIN KLEINES FEINES GERICHT, SAFTIG UND KNUSPRIG ZUGLEICH.

Zutaten für 2 Portionen

- 2 Schalotten
- 1 Knoblauchzehe
- 4 EL Olivenöl
- 250 ml Sahne
- ½ Bund Thymian
- Salz, Pfeffer aus der Mühle
- 200 g Pilze (z. B. Kräuterseitlinge, Champignons)
- 2 Eier
- 4 Scheiben altbackenes Weißbrot (ca. 3 cm dick)
- 2 EL Butter

Zeitbedarf

- 40 Minuten
- 20 Minuten ruhen

So geht's

1. Schalotten und Knoblauch schälen, hacken und in 1 EL Öl glasig dünsten. Die Sahne zugießen. Thymian waschen und trocken schütteln. Die Hälfte davon (ca. 4 Zweige) in die Sahne geben. Bei schwacher Hitze 1 Minute köcheln lassen. Mit Salz und Pfeffer würzen. Vom Herd nehmen, 20 Minuten ziehen lassen.
2. Die Pilze putzen und halbieren. Die Thymianzweige aus der Sahne nehmen. Die Eier verquirlen und mit der Sahne mischen. Die Brotscheiben in die Eier-Sahne tauchen, ziehen lassen, bis sie durchtränkt sind. 1 EL Butter erhitzen und die Pilze darin 2–3 Minuten braten. Mit Salz und Pfeffer würzen.
3. In einer weiteren Pfanne 3 EL Öl und 1 EL Butter mit restlichem Thymian erhitzen. Die Brotscheiben bei mittlerer Hitze auf beiden Seiten goldbraun braten. Aus der Pfanne nehmen, diagonal halbieren und mit den Pilzen anrichten.

DIE VARIANTE | MOZZARELLA IN CARROZZA

2 Eier, 3 EL Milch, Salz, Pfeffer aus der Mühle, 4 Scheiben altbackenes Weißbrot, 125 g Mozzarella, 8 Basilikumblättchen, 2 EL Olivenöl, 4 Tomatenscheiben Eier mit Milch, Salz und Pfeffer verquirlen, über die Brotscheiben gießen, ziehen lassen, bis sie die Flüssigkeit aufgenommen haben. Mozzarella in 4 Scheiben schneiden. 2 Brotscheiben damit belegen. 6 Basilikumblättchen darauf verteilen, mit Pfeffer würzen. Die restlichen Brotscheiben darauflegen, an den Rändern zusammendrücken. In heißem Olivenöl auf beiden Seiten knusprig ausbacken. Auf Küchenpapier abtropfen lassen. Mit Tomaten und Basilikum garnieren.

BROTBÄLLCHEN

mit Tomaten-Cappuccino

IN ITALIEN HEISSEN HACKFLEISCHBÄLLCHEN POLPETTE – DIE VEGETARISCHE VARIANTE MIT ALTBACKENEM BROT POLPETTE DI NONNA ANGELA.

Zutaten für 2 Portionen

- ½ Bund Basilikum
- 1 Knoblauchzehe
- 125 ml Milch
- Salz
- 1 Schalotte
- 3 EL Olivenöl
- 150 g vollreife Tomaten
- 1 – 2 TL Zucker
- 1 EL Tomatenmark
- 1 EL Rotweinessig
- 200 ml Gemüsebrühe
- Pfeffer aus der Mühle
- 60 g altbackenes Weißbrot
- 40 g Parmesan am Stück
- 1 Ei

Zeitbedarf

- 40 Minuten

So geht's

1. Das Basilikum waschen, trocken schütteln, die Blätter von den Stielen zupfen und beiseitelegen. Den Knoblauch schälen und leicht anquetschen. Mit den Basilikumstielen in der Milch aufkochen. Vom Herd nehmen, mit Salz würzen und 20 Minuten ziehen lassen.
2. Die Schalotte schälen, hacken und in 1 EL Öl glasig dünsten. Die Tomaten waschen, vom grünen Stielansatz befreien, würfeln und zugeben. Zucker und Tomatenmark unterrühren. Mit Essig und Brühe ablöschen. Zugedeckt 10 Minuten köcheln lassen. Mit dem Stabmixer pürieren, durch ein Sieb streichen, mit Salz und Pfeffer würzen.
3. Das Brot zerkrümeln. Den Käse reiben. Brot, Ei und Käse zu einem Teig verkneten. Mit Salz und Pfeffer würzen. Aus der Masse kleine Bällchen formen und in einer Pfanne in 2 EL heißem Öl goldbraun backen. Auf Küchenpapier abtropfen lassen.
4. Aus der Basilikummilch die Stiele und den Knoblauch herausnehmen. Die Basilikumblätter zugeben. Mit dem Stabmixer pürieren und schaumig aufmixen. Die Bällchen mit dem Tomaten-Cappuccino in große Tassen oder Gläser geben. Den Basilikumschaum darauf verteilen.

CROSTINI & CO.

feine Häppchen

AUS ALTBACKENEM BROT KANN MAN TOLLE GERÖSTETE BROTSCHEIBEN ZAUBERN. WÜRZIG BESTRICHEN UND FEIN BELEGT, EIGNEN SIE SICH GANZ PRIMA ALS KLEINE VORSPEISE ODER BEGLEITER ZUM APERITIF.

CROSTINI MIT STEINPILZBUTTER

4 Scheiben altbackenes Weißbrot, 15 g getrocknete Steinpilze, 40 g Parmesan, 2 EL Butter

So geht's: Weißbrot im vorgeheizten Ofen bei 180° C (Umluft 160 °C) ca. 10 Minuten goldbraun rösten. Steinpilze im Mörser zu Pulver mahlen. Parmesan reiben. Die Butter aufschäumen lassen, Pilzpulver einrühren. Die gerösteten Brotscheiben mit der Butter bestreichen, mit Parmesan bestreuen.

CROSTINI MIT ROSMARIN

4 Scheiben altbackenes Weißbrot, 1 Knoblauchzehe, 4 EL Olivenöl, 1 – 2 Zweige Rosmarin, 2 TL grobes Meersalz

So geht's: Weißbrot im vorgeheizten Ofen bei 180° C (Umluft 160 °C) ca. 10 Minuten goldbraun rösten. Knoblauchzehe andrücken, in leicht erwärmtem Öl bei schwacher Hitze 10 Minuten ziehen lassen. Die gerösteten Brotscheiben mit dem Öl einpinseln, mit Rosmarinnadeln und Salz bestreuen.

CROSTINI MIT CHORIZO-ÖL

4 Scheiben altbackenes Weißbrot, 2 Tomaten, Salz, Pfeffer aus der Mühle, 4 Stiele Petersilie, 100 g Chorizo (spanische Paprikasalami), 4 EL Olivenöl

So geht's: Weißbrot im vorgeheizten Backofen bei 180° C (Umluft 160 °C) ca. 10 Minuten goldbraun rösten. Tomaten waschen und in kleine Würfel schneiden. Mit Salz und Pfeffer würzen. Die Petersilie waschen, trocken schütteln und hacken. Mit den Tomatenwürfelchen mischen. Die Chorizo in kleine Würfel schneiden, in heißem Öl knusprig braten. Die Öl-Wurst-Mischung durch ein Sieb gießen, das Öl auffangen. Die gerösteten Brotscheiben mit dem Chorizo-Öl einpinseln. Tomaten- und Chorizostückchen darauf verteilen.

CROSTINI MIT SARDELLEN

4 Scheiben altbackenes Weißbrot, 1 Knoblauchzehe, 2 eingelegte Sardellenfilets, 2 EL Kapern, 1 getrocknete rote Chilischote, 1 TL Zitronensaft, je ½ TL getrockneter Thymian und Rosmarin, 4 EL Olivenöl

So geht's: Weißbrot im vorgeheizten Ofen bei 180° C (Umluft 160 °C) ca. 10 Minuten goldbraun rösten. Knoblauch schälen. Sardellenfilets abspülen. Kapern, Chilischote, Knoblauch und Sardellen hacken. Mit Zitronensaft, Thymian, Rosmarin und Öl mischen. Die gerösteten Brotscheiben damit bestreichen.

CROSTINI MIT OLIVEN

4 Scheiben altbackenes Weißbrot, 50 g getrocknete, eingelegte Tomaten, 50 g schwarze Oliven ohne Stein, 2 Knoblauchzehen, 1 EL Olivenöl, Salz, Pfeffer aus der Mühle

So geht's: Weißbrot im vorgeheizten Ofen bei 180° C (Umluft 160 °C) ca. 10 Minuten goldbraun rösten. Tomaten und Oliven hacken. Knoblauch schälen, fein hacken. Tomaten, Oliven und Knoblauch mit Öl mischen, mit Salz und Pfeffer würzen. Die gerösteten Brotscheiben damit bestreichen.

KRETISCHES BROT

2 Fleischtomaten, 1 TL getrockneter Oregano, Salz, Pfeffer aus der Mühle, 4 dicke trockene Scheiben Vollkornbrot, 100 g Fetakäse, 2 EL gutes Olivenöl, 12 schwarze Oliven oder 1 EL Kapern

So geht's: Tomaten waschen, Stielansatz entfernen. 1 Tomate auf einer Küchenreibe (größte Lochgröße) reiben, die andere in kleine Würfel schneiden, in einer Schüssel vermischen. Mit Oregano, Salz und Pfeffer würzen, auf den Brotscheiben verteilen. Fetakäse zerkrümeln und darübergeben. Mit Öl beträufeln, Oliven oder Kapern darauf verteilen. 15–30 Minuten ziehen lassen.

Auf Kreta verwendet man dafür „Paximadia", doppelt gebackenes Gerstenbrot.

„PA AMB OLI"

4 Scheiben altbackenes Bauernbrot, 1 Knoblauchzehe, 2 reife Tomaten, 2 EL Olivenöl, Salz, Pfeffer aus der Mühle

So geht's: Brotscheiben bei 180 °C (Umluft 160 °C) im Ofen rösten. Mit der geschälten und halbierten Knoblauchzehe kräftig einreiben. Tomaten halbieren, auf dem Brot abreiben, bis nur die Haut übrig ist. Mit Öl beträufeln, mit Salz und Pfeffer würzen.

Dieses mallorquinische Brot, eine beliebte Vorspeise, kann man auch mit Serrano-Schinken oder Manchego-Käse belegen.

SPINAT-BROT-KLÖSSE
mit Salbei-Butter

FÜR KNÖDEL SIND ALTBACKENE BROTRESTE EINE IDEALE UND NOTWENDIGE ZUTAT. AM BESTEN EIGNET SICH DAFÜR 1–2 TAGE ALTES WEISSBROT.

Zutaten für 2 Portionen

- 250 g TK-Spinat
- 1 Zwiebel
- 2 Knoblauchzehen
- 1 EL Olivenöl
- Salz, Pfeffer aus der Mühle
- 200 ml Milch
- 200 g altbackenes Weißbrot oder Brölchen
- 2 Eier
- abgeriebene Muskatnuss
- 40 g Parmesan am Stück
- 2–3 EL Butter
- 8 Salbeiblätter

Zeitbedarf
- 40 Minuten
- 45 Minuten auftauen
- 20 Minuten ruhen

So geht's

1. Den Spinat auftauen. Zwiebel und Knoblauch schälen, würfeln und in Öl glasig dünsten. Den Spinat unterrühren. Mit Salz und Pfeffer würzen. Vom Herd nehmen.
2. Die Milch zum Kochen bringen. Das Weißbrot zerkleinern und mit der Milch übergießen. 20 Minuten quellen lassen. Mit dem Spinat mischen. Die Eier aufschlagen und unterrühren. Mit Salz, Pfeffer und Muskat würzen. Zu einem festen Teig verarbeiten, mit bemehlten Händen Klöße formen.
3. In einem Topf reichlich Salzwasser zum Kochen bringen. Klöße bei schwacher Hitze gar ziehen lassen, bis sie an die Oberfläche steigen.
4. Den Parmesan reiben. In einem kleinen Topf die Butter bräunen. Die Salbeiblätter zugeben. Die Klöße mit einem Schaumlöffel aus dem Wasser heben und etwas abtropfen lassen. Auf tiefen Tellern anrichten, mit gebräunter Butter übergießen, den Parmesan darüberstreuen.

DIE VARIANTE | SPECKKNÖDEL

200 ml Milch, 200 g altbackenes Weißbrot, 1 Zwiebel, 100 g gewürfelter Speck, 1 EL Butter, 1 Bund Petersilie, 3 Eier, Salz, Pfeffer aus der Mühle, geriebene Muskatnuss Die Milch aufkochen. Weißbrot zerkleinern, in einer Schüssel mit Milch übergießen. 20 Minuten quellen lassen. Zwiebel schälen und hacken, mit Speck in Butter glasig dünsten. Petersilie waschen, trocken schütteln, hacken und zugeben. Die Zwiebel-Speck-Mischung mit dem Brot mischen. Eier unterrühren. Mit Salz, Pfeffer und Muskat würzen. Aus der Masse Knödel formen, in siedendem Salzwasser gar ziehen lassen. Dazu passt Sauerkraut oder eine Pilzsauce.

BROTAUFLAUF
mit Pilzen

OB ALS HERZHAFTE ODER SÜSSE VARIANTE: IN EINEM AUFLAUF MIT EIERSAHNE ÜBERBACKEN SIND BRÖTCHENRESTE IMMER GUT AUFGEHOBEN.

Zutaten für 2 Portionen

- 50 g Speckwürfel
- 1 Zwiebel
- 1 EL Butter
- 250 g Pilze (z. B. Champignons)
- Salz, Pfeffer aus der Mühle
- 1 Bund Petersilie
- 250 ml Milch
- 3 altbackene Brötchen
- 2 Eier
- 100 ml Sahne
- 50 g Käsereste

Zeitbedarf
- 30 Minuten
- 20 Minuten backen

So geht's

1. Den Backofen auf 200 °C (Umluft 180 °C) vorheizen. Die Speckwürfel in einer Pfanne auslassen. Die Zwiebel schälen und in kleine Würfel schneiden, mit der Butter zugeben und glasig dünsten.
2. Die Pilze in Scheiben schneiden und zugeben. Mit Salz und Pfeffer würzen. Petersilie waschen, trocken schütteln und hacken. Zu den Pilzen geben.
3. Die Milch erhitzen. Die Brötchen in dünne Scheiben schneiden und dachziegelförmig in eine gefettete Auflaufform legen. Die Speck-Pilz-Mischung zwischen den Scheiben verteilen. Mit der heißen Milch übergießen.
4. Die Eier in einer Schüssel aufschlagen, mit der Sahne verquirlen. Mit Salz und Pfeffer würzen. Über die Brot-Pilz-Masse gießen. Die Käsereste reiben und darüberstreuen. Im Backofen auf der mittleren Schiene ca. 20 Minuten backen.

DIE VARIANTE | SÜSSER BROTAUFLAUF

2 EL Rosinen, 3 EL Rum, 3 altbackene Brötchen, 250 ml heiße Milch, 500 g Äpfel, 50 g gemahlene Haselnüsse, 2 EL brauner Zucker, 2 Eier, 100 ml Sahne, ½ TL Zimt Die Rosinen 1 Stunde in Rum einweichen. Die Brötchen in Scheiben schneiden und in eine gefettete Form legen. Mit Milch übergießen, die Rosinen darauf verteilen. Den Backofen auf 200 °C (Umluft 180 °C) vorheizen. Die Äpfel waschen, schälen, vierteln, Kerngehäuse entfernen. In Würfel schneiden, mit den Haselnüssen und dem Zucker mischen. Auf der Brotmasse verteilen. Die Eier mit Sahne und Zimt verquirlen und darübergießen. Den Auflauf 45 Minuten im Ofen backen.

ARME RITTER

mit Zimt-Bratapfel

DER KLASSIKER DER BROTVERWERTUNG HIER MAL ALS TÜRMCHEN GESCHICHTET. LECKER, SCHNELL GEMACHT UND AUCH WAS FÜRS AUGE.

Zutaten für 2 Portionen

- 1 Vanilleschote
- 2 Eier
- 140 ml Milch
- 6 Scheiben altbackenes Weißbrot
- 2 Äpfel
- 1 EL Zucker
- 1 EL Butter
- 1 EL Butterschmalz
- 2 EL Zucker
- 1 TL Zimt

Zeitbedarf
- 20 Minuten

So geht's

1. Die Vanilleschote längs aufschlitzen und das Mark mit einem scharfen Messer herauskratzen. Die Schote beiseitelegen. Die Eier mit der Milch und dem Vanillemark verquirlen. Aus jeder Brotscheibe 2 Kreise (à 7 cm Ø) ausstechen. Die Äpfel waschen und die Kerngehäuse herausstechen. Die Äpfel in etwa 1 cm dicke Scheiben schneiden.
2. Die Apfelscheiben auf jeder Seite mit etwas Zucker bestreuen. In einer großen Pfanne die Butter mit der Vanilleschote erhitzen, die Apfelscheiben auf beiden Seiten darin goldbraun braten.
3. Das Butterschmalz erhitzen. Die Brotkreise in der Eiermilch wenden und auf beiden Seiten goldbraun ausbacken. Herausnehmen und auf Küchenpapier abtropfen lassen. Abwechselnd Brotscheiben und Bratapfelscheiben aufeinanderschichten. Zucker und Zimt mischen, die Scheiben damit bestreuen und servieren.

DIE VARIANTE | ARME RITTER MIT ROTWEINSIRUP

375 ml Rotwein, 100 g Zucker, 1 Päckchen Vanillezucker, geriebene Schale von 1 Bio-Zitrone, 2 Gewürznelken, 1 Zimtstange, 2 EL Rosinen, 2 Eier, 2 EL gemahlene Mandeln, 6 Scheiben altbackenes Weißbrot, 3–4 EL Öl, 1 EL Zimt-Zucker Rotwein mit Zucker, Vanillezucker, Zitronenschale, Nelken und Zimtstange auf 150 ml sirupartig einkochen lassen. Durch ein Sieb gießen, die Rosinen darin ziehen lassen. Eier mit Mandeln verquirlen. Brotscheiben durch die Eimasse ziehen und in heißem Öl ausbacken. Mit Zimt-Zucker bestreuen und mit dem Rotweinsirup beträufeln.

ALLES KÄSE

Reste clever verwerten

OB HART ODER WEICH, MILD ODER WÜRZIG: KÄSERESTE SIND VIELSEITIG EINSETZBAR. OB ALS AUFSTRICH, ZUM GRATINIEREN, ZUM FÜLLEN VON OMELETTS UND WRAPS ODER ALS WÜRZIGE ZUTAT FÜR GEBÄCK.

KÄSEPLÄTZCHEN

Zutaten für ca. 40 Stück: 100 g Mehl, ½ TL Salz, 120 g geriebene Hartkäsereste, 1 Ei, 100 g kalte Butter, 1 Eigelb, 1 EL Sahne, nach Belieben Kümmel, getrocknete Kräuter oder Sesam

So geht's: Mehl, Salz und 100 g Käse mischen. Ei und Butter in Flöckchen hinzufügen, zu einem Teig kneten. Zugedeckt 45 Minuten kalt stellen. Backofen auf 200 °C (Umluft 180 °C) vorheizen. Teig auf einer bemehlten Arbeitsfläche 3 mm dick ausrollen. Plätzchen ausstechen, auf 2 mit Backpapier ausgelegte Bleche legen. Eigelb und Sahne verrühren, Plätzchen damit bestreichen. Mit Kümmel, Kräutern oder Sesam und restlichem Käse bestreuen. 10–12 Minuten backen. Auf einem Gitter auskühlen lassen.

KÄSE-WRAPS

2 Weizen-Tortillas, 100 g Frischkäse, 40 g geriebene Hartkäsereste, Salz, Pfeffer aus der Mühle, 1 Handvoll frische Kräuter, einige Salatblätter, 80 g Gemüsereste (z. B. Tomate, Paprika, Gurke, Radieschen)

So geht's: Die Tortillas nach Packungsanweisung aufbacken. Frischkäse mit Hartkäse vermischen, mit Salz und Pfeffer abschmecken. Die Kräuter waschen, trocken schütteln, hacken und unterrühren. Die Tortillas damit bestreichen. Die Salatblätter in Streifen schneiden und darauflegen. Die Gemüsereste waschen, klein schneiden und darauf verteilen. Zusammenrollen, Wraps jeweils in 3 Teile schneiden und in eine Serviette wickeln.

KANARISCHE KÄSECREME

2 Knoblauchzehen, 2 gekochte, geschälte Kartoffeln, 150 g geriebene Hartkäsereste, 2 EL Weißweinessig, 2 EL Olivenöl, Salz, Pfeffer, ½ TL Rosenpaprika, 1 EL gehackte Petersilie

So geht's: Knoblauch schälen, hacken, mit Kartoffeln und Käse pürieren. Essig und Öl unterrühren. Mit Salz, Pfeffer, Paprika und Petersilie würzen. Schmeckt auf frisch gerösteten Brotscheiben.

OBATZTER

150 g überreifer Camembert, 3 EL weiche Butter, 1 Zwiebel, Salz, Pfeffer aus der Mühle, edelsüßes Paprikapulver, Kümmel, nach Belieben Radieschen und Zwiebelringe

So geht's: Camembert und Butter mit einer Gabel zerdrücken. Zwiebel schälen, fein würfeln und unterrühren. Mit den Gewürzen kräftig abschmecken. 1 Stunde kühl stellen. Nach Belieben mit Radieschen und Zwiebelringen anrichten. Dazu passen Laugenbrezeln oder Bauernbrot.

KÄSE-MUFFINS

Zutaten für 6 Muffins: 125 g Mehl, ½ Päckchen Backpulver, ½ TL Salz, 100 ml Milch, 1 Ei, 100 g geriebene Hartkäsereste, nach Belieben 40 g Schinken oder entsteinte Oliven

So geht's: Den Backofen auf 200 °C (Umluft 180 °C) vorheizen. Mehl mit Backpulver und Salz mischen. Milch, Ei und Käse unterrühren. Eventuell Schinken oder Oliven würfeln und unterrühren. Den Teig in eine gefettete Muffinform füllen, 25–30 Minuten backen.

ZWIEBEL-KÄSE-TARTE

200 g Zwiebeln, 2 EL Öl, 275 g Blätterteig (Kühlregal), 200 g Weichkäse- und Blauschimmelkäsereste (z. B. Camembert, Brie, Gorgonzola, Roquefort), 150 g Crème fraîche, 2 Eier, Pfeffer aus der Mühle

So geht's: Backofen auf 200° C (Umluft 180 °C) vorheizen. Zwiebeln schälen, in dünne Ringe schneiden und in Öl dünsten. Blätterteig entrollen, mit dem Backpapier auf ein Blech legen. Die Zwiebeln auf dem Teig verteilen. Käsereste mit Crème fraîche, Eiern und Pfeffer verrühren, auf den Zwiebeln verteilen. 25–30 Minuten im Ofen backen.

FLEISCH
Geflügel & Fisch

EIN STÜCK VOM SONNTAGSBRATEN, EIN ÜBERBLEIBSEL VOM GRILLABEND ODER VOM LECKEREN FISCHESSEN: AUS DIESEN FEINEN RESTEN LÄSST SICH AUCH AM NÄCHSTEN TAG NOCH WAS KÖSTLICHES ZAUBERN!

QUESADILLA *mit Huhn und Gemüse*

AUSSEN KNUSPRIG, INNEN SAFTIG: TORTILLAS LASSEN SICH MIT DEN VERSCHIEDENSTEN RESTEN FÜLLEN UND SIND EIN PIKANTER SNACK.

Zutaten für 2 Portionen

- 1 Zwiebel
- 2 Tomaten
- 1 Bund Koriander oder Petersilie
- 1 getrocknete Chilischote
- 1 EL Limettensaft
- Salz, Pfeffer aus der Mühle
- 1 Knoblauchzehe
- 1 Paprikaschote (rot, grün oder gelb)
- 2 EL Pflanzenöl
- ca. 100 g gegartes Hähnchenfleisch
- 4 Weizen-Tortillas
- 80 g geriebene Käsereste

Zeitbedarf

- 35 Minuten

So geht's

1. Zwiebel schälen und fein würfeln. Die Tomaten waschen, vierteln, vom grünen Stielansatz befreien und klein schneiden. Koriander oder Petersilie waschen, trocken schütteln und klein schneiden. Die Chilischote hacken. Zwiebeln mit Tomaten, Kräutern, Chili und Limettensaft mischen. Mit Salz und Pfeffer würzen.
2. Knoblauchzehe schälen und hacken. Paprikaschote putzen, waschen, vierteln und in Streifen schneiden. Knoblauch in 1 EL Öl glasig dünsten, Paprika zugeben und weich garen. Hähnchenfleisch klein schneiden und zugeben. Mit Salz und Pfeffer würzen. Vom Herd nehmen, Tomatenmischung unterrühren.
3. In einer Pfanne 1 EL Öl erhitzen. 1 Tortilla hineinlegen und die Hälfte der Huhn-Gemüse-Mischung darauf verteilen. Mit der Hälfte vom Käse bestreuen. Mit einer zweiten Tortilla abdecken und leicht zusammendrücken. Vorsichtig wenden und auf der anderen Seite goldbraun backen. Warm halten und die zweite Quesadilla genauso zubereiten. Jeweils in 4 Stücke teilen und servieren.

Dazu schmeckt grüner Salat.

DIE VARIANTE | HÄHNCHEN-AUFSTRICH

2 Eier, ca. 100 g gegartes Hähnchenfleisch, 1 Apfel, 1 TL Zitronensaft, 50 g Mayonnaise, 50 g Crème fraîche, 1 TL Currypulver, Salz, Pfeffer aus der Mühle, 1 EL gehackte Kräuter (z. B. Petersilie, Schnittlauch) Eier hart kochen, abschrecken, pellen und würfeln. Hähnchenfleisch klein würfeln. Apfel waschen, vierteln und in Würfel schneiden. Mit Zitronensaft mischen. Mayonnaise mit Crème fraîche und Currypulver verrühren. Ei, Hähnchenfleisch und Apfel unterrühren. Mit Salz und Pfeffer abschmecken, mit den Kräutern bestreuen.

RESTLOS!

TORTILLAS

Reste der angebrochenen Packung zu Chips verarbeiten: Tortillas jeweils in 8 Stücke schneiden und auf ein mit Backpapier ausgelegtes Blech legen. Mit Öl bestreichen (evtl. mit zerstoßenem Kreuzkümmel vermischt) und mit geschälter Sesamsaat bestreuen. Im heißen Ofen bei 180 °C (Umluft 160 °C) ca. 10 Minuten goldbraun backen. Dazu schmeckt Guacamole oder ein Dip.

RINDFLEISCHSALAT

mit Tomaten und Ei

FALLS DER SONNTAGSBRATEN DOCH MAL ZU ÜPPIG AUSGEFALLEN IST, KANN MAN AUS DEM REST EINEN LEICHTEN „MONTAGSSALAT" ZUBEREITEN.

Zutaten für 2 Portionen

- 2 Eier
- ca. 200 g gegartes Rindfleisch (Braten oder mageres Suppenfleisch)
- 2 Zwiebeln
- 4 Essiggurken
- 2 Tomaten
- 3–4 EL Essig
- 1 EL mittelscharfer Senf
- Salz, Pfeffer aus der Mühle
- Zucker
- 3–4 EL Rapsöl
- ½ Bund Schnittlauch

Zeitbedarf

- 30 Minuten
- 2 Stunde ruhen

So geht's

1. Die Eier hart kochen und abschrecken. Das Rindfleisch in dünne Streifen schneiden. Die Zwiebeln schälen und in sehr feine Ringe schneiden. Die Essiggurken in lange dünne Streifen schneiden. Die Tomaten waschen, vom grünen Stielansatz befreien und in Achtel schneiden. Die Eier pellen und in Viertel schneiden.
2. Für die Marinade den Essig mit Senf, Salz, Pfeffer und 1 Prise Zucker verrühren. Das Öl zugeben und unterrühren.
3. Das Rindfleisch mit den Zwiebeln und den Essiggurken mischen. Die Tomaten und die Eier zugeben und vorsichtig unterheben. Die Marinade über den Salat gießen und locker unterheben. Den Salat abdecken und im Kühlschrank ca. 2 Stunden durchziehen lassen.
4. Vor dem Servieren den Salat eventuell noch einmal mit Salz und Pfeffer nachwürzen. Den Schnittlauch waschen, trocken schütteln, in Röllchen schneiden und über den Salat streuen.

Dazu passt kräftiges Bauernbrot.

DIE VARIANTE | SCHWEINEBRATEN-SALAT

200 g gegarter Schweinebraten, 2 Zwiebeln, 4 Essiggurken, 3–4 EL Essig, 1 EL mittelscharfer Senf, Salz, Pfeffer aus der Mühle, Zucker, 3–4 EL Rapsöl, ½ Bund Petersilie oder Schnittlauch Den Braten in dünne Scheiben schneiden, in einen tiefen Teller oder in eine Schüssel legen. Zwiebeln in sehr feine Ringe, Essiggurken in Streifen schneiden und untermischen. Die Marinade anrühren und über den Salat gießen. Abgedeckt im Kühlschrank durchziehen lassen. Vor dem Servieren noch einmal mit Salz und Pfeffer abschmecken. Mit gehackter Petersilie oder mit Schnittlauchröllchen garnieren.

WURSTSALAT
mit Apfel und Käse

MAL WIEDER ZU VIEL AUFSCHNITT FÜRS WOCHENENDE EINGEKAUFT? DARAUS LÄSST SICH GLEICH ZU WOCHENBEGINN EIN LECKERER SALAT ZAUBERN.

Zutaten für 2 Portionen

- ca. 100 g Aufschnitt (z. B. Mortadella, Salami, gekochter Schinken)
- 1 Apfel
- 1 kleine Stange Lauch
- 100 g Hartkäsereste
- 3 Gewürzgurken
- 2 EL Weißweinessig
- 1 TL Senf
- Salz, Pfeffer aus der Mühle
- 4 EL Rapsöl
- ½ Bund Petersilie

Zeitbedarf
- 30 Minuten

So geht's

1. Den Aufschnitt in feine Streifen schneiden. Den Apfel waschen, vierteln, entkernen und in Würfel oder dünne Scheibchen schneiden. Den Lauch putzen, waschen und den weißen unteren Teil in feine Ringe oder Würfelchen schneiden. Käse und Gewürzgurken in dünne Streifen schneiden.
2. Für die Marinade Essig mit Senf, Salz und Pfeffer verrühren. Das Öl zugeben und unterrühren.
3. Den Aufschnitt mit dem Apfel und dem Lauch vorsichtig mischen. Den Käse unterheben. Die Marinade über den Salat gießen. Den Salat abdecken und ca. 30 Minuten im Kühlschrank durchziehen lassen.
4. Vor dem Servieren den Salat vorsichtig umrühren und eventuell noch einmal mit Salz und Pfeffer nachwürzen. Die Petersilie waschen, trocken schütteln, hacken und über den Salat streuen.

Dazu passt kräftiges Bauernbrot.

DIE VARIANTE | SOMMERLICHER WURSTSALAT

1 Paprikaschote, 1 kleine Gurke, 1 Zwiebel, ca. 100 g Aufschnitt (z. B. Mortadella, Salami, gekochter Schinken), 2 EL Weißweinessig, 1 TL Senf, 2 TL Sahnemeerrettich, 4 EL Rapsöl; Salz, Pfeffer aus der Mühle, 2 EL frische Gartenkräuter Paprikaschote waschen, putzen und in Streifen schneiden. Gurke waschen, schälen, längs vierteln und in Scheiben schneiden. Die Zwiebel schälen und in dünne Ringe schneiden. Aufschnitt in Streifen schneiden. Essig mit Senf und Meerrettich mischen, Rapsöl unterrühren. Mit Salz und Pfeffer würzen, Gartenkräuter untermischen. Die Marinade über den Salat gießen, 30 Minuten ziehen lassen.

BBQ-SANDWICH
mit Chilizwiebeln

SCHON WIEDER MAL FLEISCH VOM GRILLABEND ÜBRIG GEBLIEBEN? STATT ES EINZUFRIEREN, WIE WÄR'S MIT EINEM „DAY-AFTER-SANDWICH"?

Zutaten für 2 Portionen

- 4 Zwiebeln
- 1 frische Chilischote
- 1 Knoblauchzehe
- 4 EL Rapsöl
- 1 EL brauner Zucker
- 4 EL Rotwein
- 2 EL roter Balsamico-Essig
- 3 EL Tomatenmark
- Salz, Pfeffer aus der Mühle
- ½ TL Kreuzkümmelpulver
- 2 marinierte Steaks (Schwein, Rind oder Geflügel)
- 1 Handvoll Salatblätter
- 2 Stücke Baguette

Zeitbedarf
- 30 Minuten

So geht's

1. Die Zwiebeln schälen, halbieren und in Streifen schneiden. Die Chilischote waschen, längs aufschneiden, entkernen und in feine Streifen schneiden. Den Knoblauch schälen, grob hacken und mit 2 EL Öl pürieren.
2. 1 EL Öl erhitzen und die Zwiebeln mit den Chilistreifen darin glasig dünsten. Den Zucker unterrühren und leicht karamellisieren lassen. Mit Rotwein und Essig ablöschen. Das Tomatenmark unterrühren. Mit Salz, Pfeffer und Kreuzkümmel würzen.
3. In einer Pfanne 1 EL Öl erhitzen. Das Grillfleisch auf jeder Seite ca. 3 Minuten bei mittlerer Hitze braten. Aus der Pfanne nehmen und in Streifen schneiden.
4. Die Salatblätter waschen, trocken schütteln und in Streifen schneiden. Die Baguettestücke auf dem Toaster aufbacken und aufschneiden. Die Schnittflächen mit Knoblauchöl einpinseln. Mit Salatblättern, Fleischstreifen und Chili-Zwiebeln füllen.

DIE VARIANTE | MIT FETAKÄSE UND KRÄUTERN

150 g Fetakäse, 1 Zwiebel, 1 TL getrockneter Dill, ½ Bund Petersilie, Pfeffer aus der Mühle, 1 Tomate, 2 Stücke mariniertes Grillfleisch, 1 EL Öl, 2 Stücke Fladenbrot oder Baguette Fetakäse zerkrümeln. Zwiebel schälen, hacken, den Dill unterrühren. Petersilie waschen, trocken schütteln, hacken und mit der Masse mischen. Mit Pfeffer würzen. Tomate in Scheiben schneiden. Fleischstücke in Öl braten und in Streifen schneiden. Fladenbrot oder Baguette mit Knoblauchöl einpinseln. Mit Salatblättern, Fleischstreifen, Fetakäse und Tomaten füllen.

BRATWURST-PFANNE
mit Kartoffeln

STATT EINFRIEREN: RESTE VOM GRILLABEND SCHMECKEN AM BESTEN, WENN MAN SIE DIREKT AM NÄCHSTEN TAG WEITERVERARBEITET.

Zutaten für 2 Portionen

- 300 g Kartoffeln
- Salz
- 2 Bratwürste, frisch oder gegrillt
- 1 EL Öl
- 1 Stange Lauch
- 100 ml Fleischbrühe
- 1 TL Butter
- 150 ml Sahne
- 1 EL Speisestärke
- Pfeffer aus der Mühle
- frisch geriebene Muskatnuss

Zeitbedarf
• 45 Minuten

So geht's

1. Die Kartoffeln schälen und in Salzwasser gar kochen. Gegrillte Bratwürste in Scheiben schneiden. Das Öl erhitzen und die Bratwurstscheiben darin unter ständigem Wenden kurz von allen Seiten anbraten. Frische Bratwürste zuerst im Ganzen 5 Minuten anbraten. Aus der Pfanne nehmen, in Scheiben schneiden und 5 Minuten weiterbraten.
2. Den Lauch putzen, waschen und in Ringe schneiden. Die Brühe aufkochen, die Butter dazugeben. Den Lauch zugeben und gar dünsten. Die gekochten Kartoffeln in Würfel schneiden und zum Lauch geben. Die Sahne unterrühren und noch einmal aufkochen lassen.
3. Die Speisestärke mit Wasser verrühren und vorsichtig unter das Lauch-Kartoffel-Gemüse rühren, bis die Sauce sämig ist. Zum Schluss die Bratwurstscheiben zugeben. Mit Pfeffer und Muskat abschmecken.

SO SCHMECKT'S AUCH | GEMÜSEVARIATIONEN **Anstatt Lauch kann man für dieses Gericht auch Kohlrabi, Wirsing, Spitzkohl oder eine Mischung aus mehreren Gemüsesorten nehmen, je nachdem, was der Kühlschrank gerade zu bieten hat. Auch lecker: Zusätzlich 200 g gebratene Pilze in die Bratwurst-Pfanne geben.**

GÄNSE-GRÖSTL

der Rest vom Fest

VOM ÜPPIGEN GÄNSEBRATEN BLEIBT MEIST EIN STÜCK ÜBRIG. MIT KARTOFFELN UND SPIEGELEI LÄSST SICH DARAUS WAS DEFTIGES ZAUBERN.

Zutaten für 2 Portionen

- 300 g gekochte Kartoffeln
- 1 Zwiebel
- 1 Bund Petersilie
- ca. 200 gebratenes Gänsefleisch (ohne Knochen)
- 1 EL Gänseschmalz oder Öl
- Salz, Pfeffer aus der Mühle
- 1 TL Majoran
- 1 EL Butter
- 2 Eier

Zeitbedarf
• 40 Minuten

So geht's

1. Die Kartoffeln in Scheiben schneiden. Die Zwiebel schälen und fein würfeln. Die Petersilie waschen, trocken schütteln und hacken. Das Gänsefleisch vom Knochen lösen und in mundgerechte Stücke zupfen. Nach Belieben die Haut entfernen oder mitbraten.
2. In einer großen Pfanne Gänseschmalz oder Öl erhitzen. Die Kartoffeln und die Zwiebel zugeben und 5 Minuten anbraten, zwischendurch vorsichtig mit einem Pfannenwender umdrehen.
3. Das Gänsefleisch hinzufügen. Unter Wenden alles zusammen bei mittlerer Hitze ca. 10 Minuten goldbraun braten. Mit Salz, Pfeffer und Majoran würzen. Die gehackte Petersilie zugeben und vorsichtig unterrühren.
4. In einer weiteren Pfanne die Butter erhitzen. Die Spiegeleier darin braten und mit Salz würzen. Die Gänse-Gröstl mit den Spiegeleiern anrichten.

SO SCHMECKT'S AUCH | GEMÜSE & FLEISCH **Vielleicht findet sich ja noch ein Rest Rosenkohl, Lauch oder Rotkohl, den man gedünstet mit in die Restepfanne geben kann. Auch Pilze (z. B. Champignons, Kräuterseitlinge) sind ideal und können mitgebraten werden. Anstatt Gänsefleisch kann man auch andere gegarte Fleischreste verwenden, z. B. Rinder-, Schweine- und Kalbsbraten oder auch Reste von gegartem Wild.**

RESTLOS!

AUS 1 MACH 2

FISCHFOND

die feine Basis

DOPPELTER GENUSS: AUS FISCHGRÄTEN LÄSST SICH SCHNELL UND EINFACH EIN AROMATISCHER FOND FÜR SUPPE UND PASTA HERSTELLEN.

FISCHSUPPE

1 kg Fisch mit Kopf und Gräten, (z. B. Wolfsbarsch oder Dorade, vom Fischhändler häuten und filetieren lassen), Salz, 200 ml Weißwein, 1 Bund Suppengrün, 1 Zwiebel, 1 Lorbeerblatt, 1 kleine Fenchelknolle, 1 Möhre, 1 Knoblauchzehe, 1 EL Olivenöl, Pfeffer aus der Mühle

So geht's: Fischgräten und Köpfe mit 750 ml Salzwasser und Weißwein aufkochen, den Schaum abschöpfen. Suppengrün putzen, waschen, klein schneiden und zugeben. Zwiebel schälen, würfeln, die Hälfte davon mit dem Lorbeerblatt zufügen. Fond 30 Minuten köcheln lassen, dann durch ein feines Sieb gießen. Fenchel putzen und waschen. Das Grün beiseitelegen, die Knolle in feine Scheiben hobeln. Möhre putzen, waschen und klein schneiden. Knoblauch schälen, hacken und mit den restlichen Zwiebelwürfeln in Öl andünsten. Gemüse zugeben, andünsten, mit Salz und Pfeffer würzen. 500 ml Fond zugießen. Bei mittlerer Hitze ca. 15 Minuten garen. Restlichen Fond für die Pasta beiseitestellen. Die Hälfte des Fischfilets (ca. 300 g) in die Suppe geben, 3 Minuten bei schwacher Hitze gar ziehen lassen. Mit Salz und Pfeffer abschmecken, mit Fenchelgrün bestreuen. Restliches Filet für die Pasta verwenden.

PASTA MIT FISCH

200 g Spaghetti, 2 Tomaten, 1 Zwiebel, 1 Knoblauchzehe. 2 EL Olivenöl, 2 EL Weißwein, 150 ml Fischfond (siehe Rezept Fischsuppe), Salz, Pfeffer aus der Mühle, 1 Prise Zucker, ca. 300 g Fischfilet, ½ Bund Petersilie

So geht's: Spaghetti in Salzwasser nach Packungsanweisung kochen. Tomaten waschen, kreuzförmig einritzen und mit kochendem Wasser überbrühen. Die Haut abziehen, Tomaten in Würfel schneiden, dabei den grünen Stielansatz entfernen. Zwiebel und Knoblauch schälen, klein hacken und in 1 EL Öl glasig dünsten. Tomatenwürfel zugeben und 2 Minuten mitdünsten. Mit Weißwein ablöschen. Den Fischfond angießen und langsam aufkochen. Die Tomatensauce mit Salz, Pfeffer und 1 Prise Zucker abschmecken. Warm halten. Die Fischfilets abspülen, trocken tupfen und in mundgerechte Stücke schneiden. In 1 EL Öl 2 Minuten auf allen Seiten anbraten. Mit Salz und Pfeffer würzen, danach in die heiße Sauce geben. Petersilie waschen, trocken schütteln und hacken. Die Spaghetti abgießen und vorsichtig mit der Sauce mischen. Mit Petersilie bestreuen.

FISCHFRIKADELLEN

mit Zitronen-Joghurt-Dip

NOCH RESTE VOM FISCHESSEN ÜBRIG? FÜR DIE KÜCHLEIN KANN MAN ROHEN ODER GEGARTEN FISCH, ABER AUCH GERÄUCHERTEN LACHS VERWENDEN.

Zutaten für 2 Portionen

- ½ Zitrone
- 150 g Naturjoghurt
- 2 EL saure Sahne
- Salz, Pfeffer aus der Mühle
- ca. 250 g gegartes Fischfilet
- 1 Zwiebel
- 1 Bund Petersilie
- 2 EL Kapern
- 1 Ei
- 2 EL Mehl
- Salz, Pfeffer aus der Mühle
- 1 EL Butter

Zeitbedarf

• 35 Minuten

So geht's

1. Für den Dip die Zitrone auspressen. Joghurt mit saurer Sahne und Zitronensaft verrühren. Mit Salz und Pfeffer abschmecken.
2. Den Fisch in kleine Würfel schneiden. Dabei auf Gräten überprüfen. Die Zwiebel schälen und sehr fein würfeln. Die Petersilie waschen und trocken schütteln. Petersilie und Kapern fein hacken. Den Fisch mit den Zwiebeln, den Kapern und der Petersilie mischen. Das Ei aufschlagen und unterrühren. Das Mehl unter die Masse rühren. Mit Salz und Pfeffer abschmecken.
3. In einer beschichteten Pfanne die Butter erhitzen. Mit angefeuchteten Händen aus der Masse Frikadellen formen und auf beiden Seiten bei mittlerer Hitze goldbraun braten. Mit dem Joghurt-Dip servieren.

Dazu passen Pellkartoffeln und Gurkensalat.

DIE VARIANTE | ASIATISCHE FISCHFRIKADELLEN

2 Frühlingszwiebeln, 1 Möhre, 1 EL Öl, 10 g frischer Ingwer, 1 Knoblauchzehe, 1 rote Chilischote, 250 g Fischfilet, 1 Ei, 2 EL Mehl, Salz, 1 EL Butter

Frühlingszwiebeln putzen, waschen und in sehr feine Ringe schneiden. Die Möhre putzen, waschen, schälen und fein raspeln. Frühlingszwiebeln und Möhren in heißem Öl 2 Minuten dünsten. Ingwer und Knoblauch schälen, fein hacken und zugeben. Die Chilischote hacken und unterrühren. Den Fisch würfeln und mit dem Gemüse mischen. Ei und Mehl unterrühren. Mit Salz abschmecken. Die Butter erhitzen. Aus der Masse Frikadellen formen und auf beiden Seiten goldbraun braten.

Dazu passt süß-saure Chilisauce und Reis.

RESTLOS!

ZITRONE & SAHNE

Für ein Dressing, das man für Gurkensalat verwenden kann, den Saft der zweiten Zitronenhälfte und die restliche saure Sahne vermischen. Mit 1 EL Essig, 1 TL Senf, Salz, Pfeffer aus der Mühle, 3 EL Rapsöl und 2 EL frisch gehackten Kräutern verrühren.

FRÜCHTE
& Beeren

ÜBERREIFE BANANEN, LEICHT RUNZELIGE ÄPFEL, BIRNEN MIT BRAUNEN FLECKEN: TROTZ DIESER KLEINEN SCHÖNHEITSFEHLER MÜSSEN SIE SICH NICHT VERSTECKEN UND STEHEN MAKELLOSEM OBST GESCHMACKLICH IN NICHTS NACH.

RESTLOS!

MASCARPONE & SAHNE

Für ein kleines Dessert die Reste von Mascarpone und Sahne vermischen und mit Honig und gehackten Nüssen bestreuen. Oder einen Klecks davon auf frischen Obstsalat geben. Für eine leichtere Variante kann man auch noch etwas Joghurt unter die Creme rühren.

PFLAUMEN
mit Mascarponecreme

ZUR SAISON WERDEN SIE OFT IN PREISWERTEN GROSSGEBINDEN ANGEBOTEN – RESTE DAVON KANN MAN SEHR GUT FÜR DESSERTS VERWENDEN.

Zutaten für 2 Portionen

- 200 g Pflaumen
- 50 ml Orangensaft
- 1 EL Honig
- ½ Zimtstange
- 2 EL Mandellikör nach Belieben
- 100 ml Sahne
- 150 g Mascarpone
- 150 g Joghurt
- 1 EL Zucker
- 1 Päckchen Vanillezucker
- 6 Löffelbiskuits oder 18 Amarettini
- 1 EL Mandelstifte

Zeitbedarf

- 35 Minuten
- 25 Minuten ruhen

So geht's

1. Die Pflaumen waschen, halbieren, entsteinen und in Spalten schneiden. In einem Topf den Orangensaft mit Honig und Zimtstange aufkochen. Nach Belieben Mandellikör zugeben. Die Pflaumen hinzufügen und bei schwacher Hitze 2–3 Minuten köcheln lassen.
2. Danach die Pflaumen in einem Sieb abtropfen lassen, dabei den Saft auffangen. Die Sahne steif schlagen. Den Mascarpone mit Joghurt, Zucker und Vanillezucker verrühren. Die Sahne unterziehen. Die Löffelbisquits oder Amarettini in kleine Stücke brechen und in dem aufgefangenen Pflaumensaft tränken.
3. Die Pflaumen abwechselnd mit der Mascarponecreme und den Löffelbiskuits in Gläser schichten. Das Dessert in den Kühlschrank stellen und 25 Minuten durchziehen lassen. Die Mandelstifte in einer Pfanne ohne Fett rösten und vor dem Servieren über das Dessert streuen.

DIE VARIANTE | PFLAUMENEIS AM ZIMTSTIEL

200 g Pflaumen, 50 g Zucker, 3 EL Mandellikör (oder ein anderer süßer Likör), 75 g Naturjoghurt, ¼ TL gemahlener Zimt, 2 Zimtstangen Die Pflaumen waschen, halbieren, entsteinen und klein schneiden. In einen Topf geben und mit Zucker und Mandellikör erhitzen. Bei schwacher Hitze unter ständigem Rühren zu Mus kochen. Mit dem Stabmixer pürieren. Joghurt und Zimtpulver zugeben und zu einer glatten Masse rühren. In kleine Förmchen (Espressotassen oder Gläschen) füllen. Ins Gefrierfach stellen und 1 Stunde anfrieren lassen. Zimtstangen hineinstecken und 2 Stunden tiefgefrieren.

ÄPFEL
mit Schönheitsfehlern

AUCH LEICHT SCHRUMPELIGE ÄPFEL KANN MAN GUT FÜR DESSERTS, KOMPOTT ODER MARMELADE VERWERTEN. UND AUS GLATTEN GEBACKENEN APFELSCHALEN WIRD EINE AROMATISCHE DEKORATION.

APFELSCHNEE AUF SCHOKOCREME

Für 2 Portionen: 200 g Äpfel, Saft und abgeriebene Schale von ½ Bio-Zitrone, 1½ EL Zucker, 100 ml Sahne, 150 ml Milch, 150 g gehackte Schokoladenreste, 1 EL Mandelblättchen

So geht's: Die Äpfel waschen, schälen, entkernen und würfeln. Mit Zitronensaft und -abrieb, Zucker und 60 ml Wasser 10 Minuten weich kochen. Nicht zu fein pürieren, abkühlen lassen. Die Sahne steif schlagen und unter das Apfelpüree heben. Die Milch aufkochen, die Schokolade darin schmelzen. Kräftig mit dem Schneebesen durchrühren. Mandelblättchen rösten. Die heiße Schokoladenmilch in Gläser füllen. Den Apfelschnee daraufgeben. Mit Mandeln bestreuen.

APFEL-VANILLE-QUARK

Für 2 Portionen: 2 Äpfel, Saft und abgeriebene Schale von ½ Bio-Zitrone, 1 Vanilleschote, ½ TL gemahlener Zimt, 100 ml Apfelsaft, 250 g Magerquark, 30 ml Milch, 1 EL Honig, 40 ml Pflanzenöl

So geht's: Äpfel waschen, schälen, entkernen und würfeln. Mit Zitronensaft mischen. Vanilleschote längs aufschneiden, das Mark herausschaben und beiseitestellen. Die Schote mit Äpfeln, Zimt und Apfelsaft ca. 15 Minuten köcheln lassen. Auskühlen lassen, die Vanilleschote entfernen. Quark mit Milch, Zitronenschale, Vanillemark und Honig verrühren. Apfelkompott und Quark in Gläser schichten. Für die Chips von den Apfelschalen schöne Abschnitte aussuchen, in heißem Öl knusprig backen. Auf Küchenpapier abtropfen lassen und in die Quarkcreme stecken.

GEWÜRZ-APFELMUS

800 g Äpfel, 80 g Zucker, 1 Vanilleschote, 2 Zimtstangen, 2 Sternanis, etwas geriebene Muskatnuss

So geht's: Äpfel waschen, schälen, entkernen und würfeln. 100 ml Wasser und Zucker erhitzen, Apfelwürfel zugeben. Die Vanilleschote aufschlitzen und das Mark herausschaben. Mark, Schote, Zimtstangen, Sternanis und Muskat zugeben, ca. 20 Minuten unter gelegentlichem Rühren kochen, bis die Äpfel weich sind. Durch ein Sieb streichen.

Passt besonders gut zu Wild, Ente und Gans.

APFELMARMELADE MIT ZIMT

Für 4 Gläser à 350 ml: 1 kg Äpfel, Saft und abgeriebene Schale von 1 Bio-Zitrone, 500 g Gelierzucker 2:1, 3 Zimtstangen, 75 g Honig

So geht's: Die Äpfel waschen, schälen, entkernen, würfeln und mit Zitronensaft mischen. Mit Gelierzucker und Zimtstangen unter ständigem Rühren zum Kochen bringen. 3 Minuten sprudelnd kochen. Vom Herd nehmen, die Zimtstangen entfernen. Die Masse nur leicht pürieren, es sollen noch Apfelwürfel bleiben. Nochmals aufkochen. Den Zitronenabrieb und den Honig unterrühren. Die Marmelade sofort in saubere Schraubgläser füllen und fest verschließen.

BRATAPFEL-KOMPOTT

500 g Äpfel, Butter zum Einfetten, 2 EL Mandelblättchen, 2 EL Rosinen, 1 EL Butter, 2 EL Honig, ca. 50 ml Apfelsaft, ½ TL Zimt, 1 EL Rum

So geht's: Den Backofen auf 150 °C (Umluft 130 °C) vorheizen. Die Äpfel waschen, schälen, entkernen, in Achtel schneiden und in eine gefettete ofenfeste Form geben. Mandeln, Rosinen und Butter in Flöckchen darauf verteilen. Den Honig darüberträufeln. 20 Minuten im Ofen backen. Den Apfelsaft über die Äpfel gießen, mit Zimt bestreuen und alles durchrühren. Den Backofen auf 200 °C (Umluft 180 °C) aufheizen. Die Äpfel 15 Minuten weiterbacken, zwischendurch durchrühren. Eventuell etwas Apfelsaft nachgießen. Kurz vor Ende der Backzeit den Rum zugeben und die Apfelmischung noch einmal durchrühren.

Schmeckt sehr gut mit einer Kugel Vanilleeis als Dessert.

QUARKNOCKEN
mit Erdbeersauce

BEI PREISWERTEN ANGEBOTEN SOLLTE MAN ZUGREIFEN: UND FÜR SIRUP UND FRUCHTSAUCE MÜSSEN ES NICHT UNBEDINGT PRACHTEXEMPLARE SEIN.

Zutaten für 2 Portionen

- 250 g Erdbeeren
- 2–3 EL Puderzucker
- 1–2 EL Zitronensaft
- ½ Vanilleschote
- 250 g Quark (20 %)
- 50 g Weizengrieß
- 1 Ei
- Salz
- 1 TL abgeriebene Schale von 1 Bio-Zitrone
- 1–2 EL Butter
- 3 EL Semmelbrösel (siehe auch Seite 91)
- 2 EL Zucker
- ½ TL Zimt

Zeitbedarf

- 50 Minuten

So geht's

1. Die Erdbeeren waschen, putzen und grob zerkleinern. In einen hohen Rührbecher geben und mit dem Puderzucker pürieren. Mit Zitronensaft abschmecken.
2. Für die Nocken die Vanilleschote mit einem scharfen Messer längs aufschlitzen und das Mark herausschaben. Den Quark mit dem Grieß, dem Ei, 1 Prise Salz, dem Vanillemark und der abgeriebenen Zitronenschale mit dem Handrührgerät verrühren.
3. In einem Topf reichlich Wasser zum Kochen bringen und leicht salzen. Mit 2 angefeuchteten Esslöffeln aus der Quarkmasse Nocken formen und in siedendem Wasser etwa 5 Minuten ziehen lassen. Mit einem Schaumlöffel herausnehmen und abtropfen lassen.
4. Die Butter in einer Pfanne erhitzen. Die Semmelbrösel mit Zucker und Zimt dazugeben und unterrühren. Die Nocken vorsichtig in der Bröselmischung wenden und mit der Erdbeersauce anrichten.

DIE VARIANTE | ERDBEERSIRUP

750 g Erdbeeren, 250 g Zucker, 1 Zitrone Die Erdbeeren waschen, abtropfen lassen und putzen. Mit 250 ml Wasser und Zucker in einem Topf 20 Minuten bei geringer Hitze köcheln lassen. Danach pürieren und durch ein feines Sieb streichen. Die aufgefangene Masse nochmals aufkochen. Die Zitrone auspressen und den Saft unterrühren. Noch heiß in sterile Flaschen füllen und fest verschließen. Ungeöffnet ist der Sirup etwa 6 Monate haltbar. Schmeckt gut zu Eis, Joghurt oder mit Sekt aufgegossen.

RESTLOS!

VANILLEZUCKER

Bereits ausgeschabte Vanilleschoten kann man zum Aromatisieren mehrfach verwenden. Für Vanillezucker bereits gekochte Schoten unter fließendem Wasser abspülen, bei Zimmertemperatur mehrere Tage oder bei 50 °C im Backofen so lange trocknen, bis die Schalenstücke ganz hart sind. Anschließend mit Zucker mischen und im Mixer fein mahlen.

BANANEN-PFANNKUCHEN *mit Obstsalat*

ÜBERREIFE BANANEN LASSEN SICH EINFACH UND SCHNELL ZU PFANNKUCHEN VERARBEITEN – MIT VANILLEEIS EIN KÖSTLICHES DESSERT.

Zutaten für 2 Personen

- 1 Vanilleschote
- 1 Zimtstange
- 2 EL Honig
- 2 EL Obstbrand
- 200 ml Apfelsaft
- 300 g gemischte Früchte nach Wahl
- 2 sehr reife Bananen
- 1 EL Zucker
- ½ Päckchen Vanillezucker
- 1 Ei
- 2 EL Milch
- 2 EL Mehl
- 2 EL Pflanzenöl
- 1 EL Puderzucker
- 2 Kugeln Vanilleeis

Zeitbedarf
• 25 Minuten

So geht's

1. Für den Obstsalat die Vanilleschote längs aufschneiden und das Mark herausschaben. Vanillemark und -schote, Zimtstange, Honig und Obstbrand mit Apfelsaft in einem Topf erhitzen und 5 Minuten stark einkochen lassen. Die Früchte putzen, waschen und klein schneiden. In eine Schüssel geben und mit dem heißen Sud übergießen. 20 Minuten ziehen lassen.
2. In der Zwischenzeit die Bananen schälen und mit der Gabel zerdrücken. Nicht mit dem Pürierstab pürieren, sonst wird der Teig zu dünnflüssig und die Pfannkuchen lassen sich nicht mehr so leicht backen. Die Bananenmasse mit Zucker und Vanillezucker mischen. Mit dem Ei und der Milch verrühren. Das Mehl unter die Masse heben.
3. Das Öl in einer beschichteten Pfanne erhitzen. Aus dem Pfannkuchenteig Küchlein von 8 – 10 cm Ø backen.
4. Die fertigen Pfannkuchen mit Puderzucker bestreuen und mit dem warmen Obstsalat und Vanilleeis anrichten.

SO SCHMECKT'S AUCH | OBSTSORTEN **Sie können je nach Saison und Vorrat in der Obstschale variieren: Im Sommer lassen sich Himbeeren und Erdbeeren kombinieren, im Herbst Zwetschgen und Birnen. Den Obstbrand sollte man dann darauf abstimmen. Wer auf Alkohol verzichten möchte, nimmt einfach Fruchtsaft.**

BANANEN-MUFFINS *mit Schokolade*

FÜR MUFFINS IDEAL: DIE SCHON SEHR WEICHEN BANANEN WERDEN PÜRIERT UND MIT GEHACKTER SCHOKOLADE UNTER DEN TEIG GERÜHRT.

Zutaten für 6 Muffins

- 200 g Mehl
- 1 TL Backpulver
- ½ TL Zimt
- ½ TL Salz
- 50 g Schokoladenreste
- 3 reife Bananen
- 60 g Zucker
- 60 g weiche Butter
- 1 Ei
- 1 TL Vanilleextrakt

besonderes Werkzeug

- Muffinform

Zeitbedarf

- 35 Minuten
- 25 Minuten backen

So geht's

1. Den Backofen auf 195 °C (Umluft 175 °C) vorheizen.
2. In einer großen Schüssel das Mehl mit Backpulver, Zimt und Salz vermischen. Die Schokoladenreste mit einem scharfen Messer oder mit dem Wiegemesser hacken.
3. 2 Bananen schälen, in Stücke schneiden und mit dem Handrührgerät auf höchster Stufe 3 Minuten mit dem Zucker verrühren. Die Butter, das Ei und den Vanilleextrakt zugeben. Die Masse schaumig aufschlagen. Die Mehlmischung unterheben und zu einem glatten Teig verarbeiten. Die gehackte Schokolade unterrühren.
4. Die Mulden der Muffinform einfetten oder mit Papierbackförmchen auslegen und zu dreiviertel mit dem Teig füllen. Die restliche Banane schälen, in Scheiben schneiden und in die Teigoberfläche stecken. Die Muffins 25 Minuten im Ofen goldbraun backen (Stäbchenprobe machen: wenn kein Teig mehr am Zahnstocher haften bleibt, sind sie fertig gebacken). Die Muffins auskühlen lassen und aus der Form nehmen.

SÜSSE SMOOTHIES

frisch & fruchtig

MIT SEHR REIFEN RESTEN AUS OBSTSCHALE UND GEMÜSEFACH UND EINEM LEISTUNGSSTARKEM MIXER SIND DIE POWERDRINKS SCHNELL GEMACHT. NACH BELIEBEN KANN MAN SIE AUCH MIT JOGHURT, EIS, SAFT ODER WASSER MISCHEN ODER EISWÜRFEL DAZUGEBEN. DIE ZUTATEN SIND FÜR JE 2 GLÄSER À 300 ML BERECHNET.

ERDBEERE-RHABARBER-VANILLE

250 g Rhabarber, 250 g Erdbeeren, ½ Vanilleschote, 2 EL Honig, 200 – 300 ml stilles Mineralwasser

So geht's: Den Rhabarber putzen und in Stücke schneiden. Die Erdbeeren waschen, putzen und halbieren. Die Vanilleschote längs aufschlitzen und das Mark herauskratzen. Alle Zutaten im Mixer pürieren, mit Mineralwasser auffüllen.

APFEL-BANANE-ORANGE

2 Äpfel, 1 Banane, 2 Orangen

So geht's: Äpfel waschen, vierteln und entkernen. Banane schälen und in Stücke schneiden. Die Orangen schälen und in Spalten teilen. Im Mixer pürieren.

KIWI-BANANE-ORANGE

2 Bananen, 2 Kiwis, 2 Orangen

So geht's: Bananen und Kiwis schälen und in Stücke schneiden. Orangen schälen und in Spalten schneiden. Im Mixer pürieren.

BEEREN-BIRNE-MELISSE

250 g Beerenreste (z. B. Himbeeren, Heidelbeeren, Brombeeren), 2 Birnen, 2 Orangen, 5 Blätter Melisse

So geht's: Die Beeren kurz abspülen und putzen. Die Birnen waschen, schälen, entkernen und in Stücke schneiden. Die Orangen schälen und in Spalten teilen. Mit den Melisseblättern im Mixer pürieren.

MELONE-ORANGE-INGWER

½ Charentais-, Galia- oder Honigmelone, 1 Orange, 1 Stück (1 cm) Ingwer, 1 EL Zitronensaft

So geht's: Die Melone von Kernen befreien, in Spalten schneiden und das Fruchtfleisch von der Schale lösen. Die Orange schälen und in Spalten teilen. Ingwer schälen und grob hacken. Alle Zutaten im Mixer pürieren.

ANANAS-GRAPEFRUIT-BANANE

250 g Ananas, 2 Bananen, 1 Grapefruit

So geht's: Die Ananas schälen, den holzigen Mittelteil entfernen. Ananas in Stücke schneiden. Die Grapefruit und die Banane schälen und in Spalten bzw. Stücke teilen. Im Mixer pürieren.

ERDBEERE-NEKTARINE-MINZE

250 g Erdbeeren, 2 Nektarinen, 1 Orange, 5 Blätter Minze

So geht's: Die Erdbeeren waschen und putzen. Die Nektarine waschen, halbieren und in Stücke schneiden. Die Orange schälen und in Spalten teilen. Mit den Minzeblättern im Mixer pürieren.

PFIRSICH-NUSS-ORANGE

3 Pfirsiche, 3 Orangen, 2 EL Haselnüsse

So geht's: Die Pfirsiche waschen, halbieren und entsteinen. Die Orangen schälen und in Spalten teilen. Die Haselnüsse grob hacken. Alle Zutaten im Mixer pürieren.

MANGO-INGWER-ORANGE

1 Mango, 2 Orangen, 1 Stück (1 cm) Ingwer

So geht's: Die Mango schälen, das Fruchtfleisch vom Kern lösen und in Stücke schneiden. Die Orangen schälen und in Spalten teilen. Den Ingwer schälen und grob hacken. Alles im Mixer pürieren.

PFLAUME-MANDEL-BANANE

250 g Pflaumen, 3 Orangen, 1 Banane, 2 EL Mandeln

So geht's: Die Pflaumen waschen, halbieren und entsteinen. Die Orangen schälen und in Spalten teilen. Die Banane schälen und in Stücke schneiden. Die Mandeln grob hacken. Alles im Mixer pürieren.

GRÜNE SMOOTHIES

Power aus dem Glas

BLÄTTER, Z. B. VON KOHLRABI, RADIESCHEN UND MÖHREN, ENTHALTEN OFT MEHR VITAMINE UND MINERALSTOFFE ALS DAS GEMÜSE SELBST. DAS FRISCHE GRÜN (OHNE WELKE BLÄTTER), AM BESTEN IN BIO-QUALITÄT, WIRD MIT FRÜCHTEN UND STILLEM MINERALWASSER PÜRIERT. AUCH WILDKRÄUTER WIE LÖWENZAHN, GIERSCH ODER BRENNNESSEL EIGNEN SICH GUT. DIE ZUTATEN SIND FÜR JE 2 GLÄSER À 300 ML.

GURKE-RUCOLA-ORANGE

1 Handvoll Rucola, 2 Orangen, 1 Banane, ½ Bio-Gurke, 1 kleine getrocknete Chilischote, 1–2 Tassen stilles Mineralwasser

So geht's: Rucola waschen und trocken schütteln. Orangen und Banane schälen und mit der Gurke in Stücke schneiden. Chilischote entkernen, grob hacken. Alles zusammen im Mixer pürieren. Mit Wasser auffüllen.

RADIESCHENBLÄTTER-APFEL

1 Handvoll Radieschenblätter, 2 Äpfel, 2 Bananen, 1 EL Zitronensaft, 1–2 Tassen stilles Mineralwasser

So geht's: Radieschenblätter verlesen, waschen und trocken schleudern. Äpfel waschen, vierteln und entkernen. Bananen schälen und in Stücke schneiden. Alles zusammen mit Zitronensaft pürieren. Mit Wasser auffüllen.

GURKE-ANANAS-TOMATE

½ Bio-Gurke, 1 Handvoll Spinatblätter, 200 g Ananas, 1 Tomate, 1 Prise Cayennepfeffer, 200–300 ml stilles Mineralwasser

So geht's: Die Gurke waschen und in Stücke schneiden. Spinat verlesen, waschen und trocken schleudern. Ananas schälen, holzigen Mittelteil entfernen. Ananas in Stücke schneiden. Tomaten waschen, vom Stielansatz befreien und halbieren. Alles zusammen mit 1 Prise Cayennepfeffer im Mixer pürieren. Mit Wasser auffüllen.

FELDSALAT-WEINTRAUBEN

1 Handvoll Feldsalat, 200 g Weintrauben, 2 Äpfel, 200–300 ml stilles Mineralwasser

So geht's: Feldsalat waschen. Weintrauben waschen, von den Stielen zupfen. Äpfel waschen, vierteln und entkernen. Alles zusammen im Mixer pürieren. Mit Wasser auffüllen.

ROTE-BETE-BLÄTTER-BIRNE

1 Handvoll Rote-Bete-Blätter, 1 Bund Petersilie, 1 Birne, 1 Apfel, 200–300 ml stilles Mineralwasser

So geht's: Rote-Bete-Blätter und Petersilie waschen und trocken schleudern. Birne und Apfel waschen, vierteln und entkernen. Alles zusammen im Mixer pürieren. Mit Wasser auffüllen.

KOHLRABIBLÄTTER-BIRNE

1 Handvoll Kohlrabiblätter, 2 Birnen, 1 Banane, 1 Stück (1 cm) Ingwer, 1 EL Zitronensaft, 200–300 ml stilles Mineralwasser

So geht's: Kohlrabiblätter waschen und trocken schleudern. Birnen waschen, vierteln und entkernen. Banane schälen und in Stücke schneiden. Ingwer schälen. Alles zusammen mit Zitronensaft im Mixer pürieren. Mit Wasser auffüllen.

ROMANA-ERDBEERE

1 Handvoll Romana-Salat, 250 g Erdbeeren, 1 Banane, 1 Apfel, 200–300 ml stilles Mineralwasser

So geht's: Salat und Erdbeeren putzen und waschen. Banane schälen und in Stücke schneiden. Apfel waschen, vierteln und entkernen. Alles zusammen im Mixer pürieren. Mit Wasser auffüllen.

LÖWENZAHN-MÖHREN

1 Handvoll Löwenzahn, 2 Möhren, 1 Apfel, 1 Orange, 200–300 ml stilles Mineralwasser

So geht's: Löwenzahn putzen und waschen. Möhren waschen, schälen und in Stücke schneiden. Apfel waschen, vierteln und entkernen. Orangen schälen und in Spalten teilen. Alles zusammen im Mixer pürieren. Mit Wasser auffüllen.

SPINAT-AVOCADO-BANANE

1 Handvoll Spinat, 1 Avocado, 1 kleine Banane, 1 Orange, 200–300 ml stilles Mineralwasser

So geht's: Den Spinat verlesen, waschen und trocken schleudern. Die Avocado, die Banane und die Orange schälen. Alles klein schneiden und zusammen pürieren. Mit Wasser auffüllen.

MÖHRENGRÜN-ORANGE

1 Handvoll Möhrengrün, 1 Handvoll Spinat, 2 Orangen, 1 Banane, 200–300 ml stilles Mineralwasser

So geht's: Möhrengrün und Spinat verlesen, waschen und trocken schleudern. Orangen und Banane schälen, in Stücke schneiden. Alles zusammen im Mixer pürieren. Mit Wasser auffüllen.

RESTLOS!

VANILLESCHOTE

Die restliche Vanilleschote kann man für Vanillesahne verwenden: Dafür mit einen scharfen Messer das Mark aus der Schote schaben und unter die halbsteif geschlagene Sahne rühren.

BIRNEN-CRUMBLE
mit Beeren

ÜBERREIFE BIRNEN UND RESTE VON BEEREN, MIT SÜSSEN ZIMT-STREUSELN UND VANILLE KNUSPRIG ÜBERBACKEN: EIN KÖSTLICHES DESSERT.

Zutaten für 2 Portionen

- 80 g Mehl
- 40 g kalte Butter
- 100 g brauner Zucker
- ½ TL Zimt
- 2 überreife Birnen
- ½ Vanilleschote
- ca. 120 g Beeren (z. B. Himbeeren, Brombeeren, Heidelbeeren)

Zeitbedarf

- 30 Minuten
- 30 Minuten backen

So geht's

1. Den Backofen auf 210 °C (Umluft 190 °C) vorheizen. Aus Mehl, Butterstückchen, 50 g braunem Zucker und Zimt mit der Hand Streusel kneten.
2. Die Birnen waschen, schälen, vierteln, entkernen und in kleine Stücke schneiden. Vanilleschote längs aufschlitzen und das Mark herausschaben. Birnenstücke, Vanilleschote und Vanillemark mit dem restlichen Zucker in einen Topf geben und mischen. Bei mittlerer Hitze 10 Minuten köcheln lassen. Dabei gelegentlich umrühren. Vanilleschote entfernen.
3. Die Beeren vorsichtig im Sieb mit Wasser abspülen, verlesen und zu den Birnen geben. Kurz aufkochen und in eine ofenfeste Form oder portionsweise in kleine ofenfeste Förmchen geben. Die Streusel darauf verteilen und im Ofen 20 Minuten backen. Warm aus dem Ofen servieren.

Dazu passt Vanilleeis oder halbsteif geschlagene Sahne.

DIE VARIANTE | BIRNEN-BEEREN-KONFITÜRE

500 g vollreife Birnen, 500 g gemischte Beeren, 500 g Gelierzucker 2:1, 50 ml Obstbrand (Birne oder Himbeere) oder Fruchtsaft Die Birnen waschen, schälen, entkernen und zerkleinern. Die Beeren abspülen und putzen. Die Beeren mit den Birnen in einen hohen Topf geben. Mit Gelierzucker, Obstbrand oder Fruchtsaft mischen. Alles unter Rühren aufkochen und 3 Minuten sprudelnd kochen lassen, gegebenenfalls den Schaum abschöpfen. In sterile Gläser füllen und fest verschließen.

CHUTNEYS

süß & pikant eingekocht

ÜBERREIFE FRÜCHTE, DIE MÖGLICHST SCHNELL VERBRAUCHT WERDEN MÜSSEN, SIND FÜR WÜRZIGE CHUTNEYS GUT GEEIGNET. AUCH RESTE VON PREISWERTEN GROSSGEBINDEN SIND HIER BESTENS AUFGEHOBEN.

KIRSCH-BALSAMICO-CHUTNEY

Für 2 Gläser à 150 ml: 500 g Kirschen, 10 g frischer Ingwer, 4 EL Zucker, 5 EL Rotwein, 3 EL Balsamico-Essig, 3 Wacholderbeeren, 1 Pimentkorn, 1 Thymianzweig, 1 Lorbeerblatt

So geht's: Kirschen waschen und entsteinen. Ingwer schälen und fein hacken. Die Kirschen mit dem Zucker in einen Topf geben und erhitzen. Unter Rühren den Zucker auflösen. Mit Rotwein ablöschen, Essig unterrühren. Wacholderbeeren, Piment, Thymian, Ingwer und Lorbeerblatt zugeben. Ca. 30 Minuten bei schwacher Hitze köcheln lassen, bis die Masse dicklich eingekocht ist. Den Thymianzweig und das Lorbeerblatt entfernen. Das Chutney sofort in heiß ausgespülte Schraubgläser füllen und verschließen.

Passt gut zu Wild und kräftigem Käse.

PFLAUMEN-CHILI-CHUTNEY

Für 2 Gläser à 150 ml: 500 g Pflaumen, 1 Zwiebel, 1 getrocknete Chilischote, 2 EL Balsamico-Essig, 3 EL Portwein, Saft und abgeriebene Schale von 1 Bio-Orange, 4 EL Zucker, 1 Lorbeerblatt, 1 Zimtstange, 1 Sternanis

So geht's: Pflaumen waschen, halbieren, entkernen und zerkleinern. Zwiebel schälen und würfeln. Chilischote fein hacken. Essig und Portwein mit Orangensaft und -abrieb, Zucker, Chilischote, Lorbeerblatt, Zimtstange und Sternanis aufkochen. Pflaumen und Zwiebel zugeben, zugedeckt 10 Minuten köcheln lassen. Dann unter ständigem Rühren weiter köcheln, bis das Chutney andickt. Lorbeerblatt, Sternanis und Zimtstange entfernen. Sofort in heiß ausgespülte Schraubgläser füllen und verschließen.

Passt gut zu Geflügel, vor allem zu gebratener Entenbrust.

APFEL-CURRY-CHUTNEY

Für 2 Gläser à 150 ml: 300 g Äpfel, 2 EL Zitronensaft, 20 g frischer Ingwer, 1 getrocknete Chilischote, 1 Schalotte, 1 Knoblauchzehe, 100 ml Apfelsaft, 2 TL Currypulver, ½ TL Pfefferkörner, 4 EL Zucker, 100 ml Apfelessig, Salz

So geht's: Die Äpfel waschen, schälen, entkernen und in Stücke schneiden. Mit Zitronensaft beträufeln. Ingwer schälen und hacken. Die Chilischote fein hacken. Die Schalotte und die Knoblauchzehe schälen, würfeln und in Apfelsaft aufkochen. Chilischote, Currypulver und Pfefferkörner zugeben. Die Äpfel zugeben, den Zucker unterrühren und den Essig angießen. 20 Minuten unter Rühren köcheln lassen, bis die Masse andickt. Mit 1 Prise Salz abschmecken. Sofort in heiß ausgespülte Schraubgläser füllen und verschließen.

Passt gut zu Wild, Geflügel und Fisch.

BIRNEN-INGWER-CHUTNEY

Für 2 Gläser à 150 ml: 500 g Birnen, 1 Schalotte, 20 g frischer Ingwer, abgeriebene Schale und Saft von 1 Bio-Orange, 50 ml weißer Balsamico-Essig, 4 EL Zucker, 1 Zimtstange, 3 Gewürznelken, 1 Lorbeerblatt, 40 g Rosinen, Salz

So geht's: Die Birnen waschen, schälen, entkernen und in Stücke schneiden. Die Schalotte schälen und würfeln. Ingwer schälen und fein hacken. Schalotte, Ingwer und abgeriebene Orangenschale in Essig und Orangensaft aufkochen. Zucker, Zimtstange, Gewürznelken und Lorbeerblatt zugeben. Rosinen und Birnen unterrühren. Bei schwacher Hitze 20 Minuten einkochen, bis die Masse andickt. Mit 1 Prise Salz abschmecken, sofort in heiß ausgespülte Schraubgläser füllen und verschließen.

Passt gut zu Wild, Geflügel, Meeresfrüchten und kräftigem Käse.

SO LANGE SCHMECKT'S
der Haltbarkeitscheck

EINE KLEINE ALPHABETISCHE ÜBERSICHT, WIE LANGE IM KÜHLSCHRANK GELAGERTE UND SELBER EINGEFRORENE LEBENSMITTEL IM GEFRIERSCHRANK HALTBAR SIND. ALLE ANGABEN SIND DURCHSCHNITTSWERTE.

IM KÜHLSCHRANK	
Beeren	1 – 3 Tage
Bohnen	1 – 3 Tage
Bratwurst, roh	am Einkaufstag verbrauchen
Dauerwurst (vakuumiert)	geöffnet 5 Tage
Dauerwurst am Stück	2 – 3 Wochen
Eier, gekocht	10 – 14 Tage
Eier, roh	MHD = 28 Tage nach Legetag, danach nur durchgegart verzehren
Eiweiß (in geschlossenem Behälter)	ca. 1 Woche
Erbsen	1 – 3 Tage
Fisch, frisch	1 Tag
Fisch, gegart	1 – 2 Tage
Fisch, geräuchert	3 Tage
Fischkonserven (geöffnet und umgefüllt)	1 – 2 Tage
Fischsalate	2 – 3 Tage
Fleisch, gegart	2 – 3 Tage
Frischkäse	im Anbruch 3 – 4 Tage
Geflügel	1 – 2 Tage
gekochte Speisereste	1 – 2 Tage
Gemüse, gegart	1 – 2 Tage
Gulasch	1 – 2 Tage
Hackfleisch, roh	am Einkaufstag verbrauchen
Hähnchen, gegart	1 – 2 Tage
H-Milch	geöffnet 4 – 6 Tage
Joghurt	geöffnet 3 – 4 Tage
Kalbfleisch	2 – 3 Tage
Kartoffeln, gekochte	2 – 3 Tage
Kartoffelsalat	2 – 3 Tage
Käse (Schnittkäse- und Hartkäse am Stück)	8 – 10 Tage
Käse (Weichkäse)	im Anbruch 3 – 4 Tage
Ketchup	im Anbruch bis 2 Monate

Kochwurst (z.B. Leberwurst, Blutwurst, Fleischwurst)	bis 5 Tage
Konfitüren	im Anbruch 1–2 Monate
Kräuter	1–3 Tage
Kuchen (Obstkuchen)	3 Tage
Kuchen (Rührkuchen)	4 Tage
Mayonnaise	im Anbruch bis 2 Monate
Meeresfrüchte, frisch	1 Tag
Milch	geöffnet 3 Tage
Nudeln, gekochte	2–3 Tage
Nudelsalat	2–3 Tage
Obstkonserven (geöffnet und umgefüllt)	1 Woche
Reis, gekochter	3–4 Tage
Reissalat	2–3 Tage
Rindfleisch	3–4 Tage
Sahne	geöffnet 3–4 Tage
Sahnetorten	2 Tage
Salate	1–3 Tage
Schinken, gekochter, geschnitten	2–3 Tage
Schinken, roh, geschnitten	4–5 Tage
Schweinefleisch	2–3 Tage
Spinat	1–3 Tage
Steinobst (Nektarinen, Pflaume, Kirsche, Mirabelle)	2–3 Tage
Tiefkühlkost, aufgetaut	1 Tag
Wurzelgemüse (Möhren, Sellerie, Rote Bete u. a.)	5–10 Tage

IM GEFRIERSCHRANK	
Brot	3–4 Monate
Brötchen	2–3 Monate
Butter	5–6 Monate
Fisch	ca. 4 Monate
Geflügel	ca. 10 Monate
Gemüse	6–12 Monate
Gerichte, selbst gekocht	ca. 3 Monate
Hackfleisch, gegart	5–6 Monate
Hackfleisch, roh	2–3 Monate
Käse (Hartkäse)	2–4 Monate
Kräuter	6–12 Monate
Kuchen	3–4 Monate
Obst	6–12 Monate
Pilze	5–6 Monate
Rindfleisch	10–12 Monate
Schweinefleisch	ca. 4 Monate
Toastbrot (in Scheiben)	1–3 Monate

REGISTER VON A–Z

L/M

O/P

Q

R

S

T

W/Z

THEMENREGISTER

MIT LIEBE SELBST GEMACHT

Meine Küchenschätze aus Natur und Garten
144 Seiten, 114 Abbildungen, €/D 14,99

So lassen sich die besten Zutaten aus Natur und Garten in Küchenschätze für den Vorrat verwandeln. Von Erdbeerkonfitüre und Zucchini-Relish über Brombeer-Senf und Bärlauchpesto bis Thymianöl und Steinpilzsalz. Die eingelegten, getrockneten und marinierten Kostbarkeiten verfeinern Gerichte, sind auch solo ein Hochgenuss und eignen sich hübsch verpackt als spontane Geschenke mit Pfiff.

AKTEURE

Hildegard Möller lebt in Münster und kocht und schreibt mit Leidenschaft. Die Ökotrophologin war lange Zeit Küchenchefin zweier Gastronomiebetriebe und setzt seit einigen Jahren ihr kreatives Handwerk am Schreibtisch fort. Als Journalistin und Autorin hat sie bereits mehrere erfolgreiche Kochbücher veröffentlicht, bei KOSMOS ist ihr „Solo für Genießer. Kreativ kochen für einen Teller" erschienen. Ihre Kochserien in den Westfälischen Nachrichten haben viele Anhänger und ihr Know-how gibt sie auch in Kochkursen weiter. Die passionierte Südeuropa-Reisende sammelt mit Vorliebe kulinarische Erfahrungen rund um das Mittelmeer. Zu Hause experimentiert sie gerne mit Produkten aus dem eigenen Garten, wo von Artischocke bis Zucchini alles wächst.

Anne Rogge und **Jan Jankovic** sind Diplom-Fotodesigner aus Düsseldorf. Gemeinsam führen sie das Fotostudio Rogge & Jankovic Fotografen mit den Schwerpunkten Food, Stills und Places. Für ihr Kochbuch „Herbst Winter Gemüse", im KOSMOS Verlag erschienen, wurde Anne Rogge 2008 in der Kategorie Fotografie mit dem Gourmand Cookbook Award ausgezeichnet. Gemeinsam haben sie für dieses Kochbuch die Gerichte aus der kreativen Resteküche in das richtige Licht gerückt. Und auch für das Foodstyling war das vielseitige Team verantwortlich.

IMPRESSUM

Mit 94 Farbfotos von Rogge & Jankovic Fotografen

Umschlaggestaltung von Gramisci Editoraldesign, München, unter Verwendung zweier Fotos von Rogge & Jankovic Fotografen

Rezepte, Geling-Tipps, Infos zum KOSMOS-Kochbuch-Programm und vieles mehr unter **kosmos.de/kochen**

Unser gesamtes lieferbares Programm und viele weitere Informationen zu unseren Büchern, Spielen, Experimentierkästen, DVDs, Autoren und Aktivitäten finden Sie unter **kosmos.de**

Gedruckt auf chlorfrei gebleichtem Papier

ISBN 978-3-440-13947-9
Projektleitung und Lektorat: Dr. Eva Eckstein
Gestaltungskonzept und Layout:
Gramisci Editorialdesign, München
Satz: Cordula Schaaf, Grafik-Design, München
Produktion: Eva Schmidt
Printed in Germany / Imprimé en Allemagne

FSC www.fsc.org MIX Papier aus verantwortungsvollen Quellen FSC® C004592